Table des matières

Le mot de l'éditrice

Je suis heureuse de vous accueillir au sein de ce partenariat, un espace de recueil d'énergie proposé à tous ceux qui souhaitent avoir accès à des informations de source plurielle. Un espace où l'âme et l'esprit trouveront une nourriture provisoire propre à leur élévation ou propice dans l'instant pour parvenir au bout d'une œuvre de transformation intime en cours.

La Maison d'éditions ***Ateliers cœur de soleil*** s'engage à choisir la qualité d'expression plutôt que la quantité des ouvrages, un respect nécessaire vis-à-vis de toutes les strates de vie et de conscience. Nous sommes à l'écoute des nécessités soulevées tout en honorant la volonté de la Vie.

Dans le lien d'échange amenant une qualité fraternelle, nous ouvrons le chemin de lumière en publiant ***Instants de partage, de cœur à cœur*** de SORIA.

Ce livre vous offre deux thématiques : une première partie d'enseignement comme déjà rencontré dans les autres livres de SORIA et une seconde partie proposant un développement sur l'expression de la paix avec ses multiples facettes à mettre en place au quotidien. Une actualité du moment qui nous rappelle que nous entretenons souvent des pensées ambivalentes entre nos aspirations, nos idées mentales, nos attentes affectives et notre relation de chaque instant dans ce monde.
Voici l'occasion de se réaligner sur les lois naturelles de la Vie. Bien fraternellement,

Régine Françoise Fauze

Le mot du porte-parole du Collectif SORIA

Mon cœur s'ouvre et vous contient tous.

Il me plaît de vous recevoir en moi chaque fois que votre pensée s'envole pour se connecter à ma réalité.

Avant d'être une Mère primordiale, je suis l'une des huit Filles premières nées du Sans-Nom ayant reçu le devoir d'engendrer toute forme de création. Ma vision ne peut englober qu'un seul instant, qu'un seul espace. Ma parole porte donc cette immensité et elle demeure en moi. Aussi, mes mots vous la transmettent-ils.
Comme vous vivez dans une réfraction extrême, l'immensité vous visitant subtilement et physiquement par l'étendue de l'enseignement dégage vos petitesses d'attitudes. Alors, j'honore votre courage à dépasser vos peurs, vos doutes et vos retraits.
En acceptant ou en repoussant le mouvement, vous demeurez dedans malgré tout.

Mes sœurs me transmettent les énergies de leur charge auprès des autres Super-Univers. Ainsi, l'Unité vient à votre rencontre.
Lorsque je m'exprime en tant que Fille première née, mon énergie englobe le Tout. Aussi, ai-je dû composer mon identité et la fractionner afin de ne pas vous effrayer.

Ce qui vient suscite des réactions de contraction, d'inquiétude et certains regrettent même de savoir. *Il est vrai qu'il y a plus de confort dans l'ignorance. Celle-ci n'oblige pas l'esprit à rentrer dans le respect, la fraternité et la responsabilité. Il est tellement plus aisé de faire tout ce que l'on a envie sans s'occuper de rien.*

Je suis désolée de vous entrainer au cœur de l'échange conscient. Je suis navrée de détruire vos illusions et de mettre en évidence vos manières d'agir !

Dans la période s'ouvrant à vous, votre regard se posera sur tout ce qui vous anime et n'est pas aligné sur les Lois divines. Vous avez embrasé la vie à l'extérieur de vous, glanant des compréhensions. Cela demeure un pas juste. Passons maintenant au suivant. Les données acquises sont restées au niveau du mental et cherchent à descendre en vous pour être identifiées puis enracinées dans la matrices de cette Terre.
Nous devons équilibrer ces deux axes, ***vos deux axes : ciel et terre****. Nous vous rappelons que vous incarnez le centre de ces deux mondes se mariant en vous.*

L'unité ou l'unicité se profile. Alors, votre regard se propulse vers la réalité terrestre. Vos pieds fournissent des énergies vitales à cette planète. Ne manquez pas votre rendez-vous avec elle. Son déséquilibre provient de votre inconstance envers elle. Vous l'aimez puis l'ignorez, la bafouez, la massacrez l'instant d'après. Et justement, après ? Ce après *devient votre* maintenant *avec les retours d'énergie à repolariser correctement. Pour cela, vous avez besoin de poser sciemment vos pieds sur Terre. Votre tête est restée trop longtemps dans le ciel sans laisser passer l'énergie de Vie et la Terre n'a pu répondre au ciel. Vous l'avez propulsée dans un déséquilibre.*

Nous vous attendons au sein de la balance cosmique. Il n'y a rien de mauvais en soi, sauf lorsque l'on demeure trop longtemps immobile sans générer la Vie.

En tant que Fille première née, j'engendre à nouveau l'expansion et un monde physique (dimensionnel) neuf.

En tant que Mère primordiale, j'invite tous mes enfants à répondre à mes besoins et aux futurs besoins de la famille fraternelle. En tant que porte-parole du Collectif SORIA, je vous transmets par ces lignes les énergies que ce collectif d'Êtres souhaite vous donner.

Un jour, vous comprendrez votre personnalité et vous naviguerez au sein de tous vos étages de responsabilité. Alors, votre regard embrassera la réalité cosmique, toute la réalité ! En attendant, repoussons les limites, les crispations, les indécisions et jouons ensemble sur ce grand théâtre de Vie.
Vous êtes partis depuis bien longtemps. Vous bougez par la matrice de la densité et vivez ainsi une grande aventure. En sortant de celle-ci, vous en comprendrez toute son importance. Toutefois, ceci ne vous empêche pas de la vivre pleinement avec ses moments dilatants, épanouissants, rétractants, douloureux même, ou neutres. Votre aventure construit le plus beau bijou vivant, vie après vie dans la densité.

Je vois combien vous êtes las en ce moment, désappointés parfois. Oui, je sais tout cela. Cependant, rappelez-vous : vous êtes à l'origine des orientations prises lors des croisées de chemins, à droite, à gauche, au centre, ou faire demi-tour ! Nous vous accompagnons dans ces choix, ouvrons et fermons des portes en distribuant les énergies adaptées dans ces moments-là.

Aujourd'hui, je fais de même, me mettant le plus possible à votre niveau. Je compose avec vos attitudes. Vous recherchez de la douceur sans émettre la douceur. Vous

voulez de la joie sans être la joie. Vous exigez l'abondance tout en demeurant dans la rétraction, état incompatible avec. Vous réclamez le changement mais, surtout, vous restez dans vos façons de faire et lorsque vous avez la possibilité d'engendrer le changement, vous l'ignorez. Vous appelez les Lois divines en exigeant l'extrême indépendance. En vérité, vous manifestez en permanence la dualité, alors, la dualité continue de nourrir votre vie.
Vos pensées, vos actions doivent être unies, devenir UNE, sans créer de déperdition d'énergie, sous aucune forme que ce soit. En résumé, le langage que vous nous transmettez est celui-ci : changement sans changement, abondance dans la restriction, douceur de la douleur, joie dans la grimace, et l'extrême indépendance comme loi de Vie. Ah, dualité, quand elle vous tient !

Alors, que le mouvement venant à vous éclaire votre cheminement et engendre une vraie compréhension. Ainsi, à ce moment-là, nous nous tiendrons la main et, ensemble, nous nourrirons toutes les cellules de Vie. Ensemble, unis, afin d'exprimer la haute vision de la fraternité.

Introduction

Le mouvement de la Vie se déploie avec plus d'affirmation. Il pénètre votre mode d'expression. Nous enregistrons des perturbations au sein de votre quotidien. Cela est naturel, car vos énergies et celles du mouvement induit par le Cœur de l'Incréé se rencontrent, se reconnaissent et entament un enlacement laissant peu de place aux vieux rails d'expression.

Cette Terre est soumise à une pression intense ; elle reçoit de toute part des informations à plusieurs niveaux, nourrissant tous vos corps y compris le physique.
L'influence solaire s'intensifie et, par conséquent, votre identité solaire bouge afin de se positionner sur le sillon tracé par la fraternité solaire. Nous entrons dans une période intense, délicate, riche et passionnante si vous savez entrer dans le jeu cosmique.
Comme nous fermons maintenant les portes de tout ce qui a trait à la troisième dimension, vous le vivez aussi à l'intérieur de votre identité.
Nous ne pourrons pas vous éviter les inconforts se soulevant lorsque vous cherchez à demeurer dans une action, une pensée, un but ne pouvant pas prendre racine dans l'ouverture présente.
Nous continuerons de vous transmettre des sujets de réflexion propices au questionnement et favorisant ainsi une élévation du moteur regard-sentiment-pensée.
Grâce à l'inondation d'informations relatives à l'ouverture de la quatrième, de la cinquième puis de la sixième dimension, vous possédez un champ d'investigation très large. Nous ignorons quelle source d'information va retenir votre attention et favoriser votre élévation. Toutefois, nous

sommes certains de vous propulser en dehors des vieux jeux où votre personnalité ne peut plus s'épanouir. Ainsi, nous observons que certains d'entre vous sont à l'aise dans des sujets complexes et d'autres se perdent dans des approches simples.

Nous vous rappelons que nous vous instruisons aussi la nuit durant votre sommeil. Lorsque vous butez sur une donnée, demandez à venir nous rejoindre la nuit pour approfondir l'enseignement entrepris.

Cette si jolie planète a émis une volonté puissante de réalignement sur les lois universelles. Tous les enseignements transmis répondent à sa demande, vous obligeant à vous remettre en mouvement et à faire un tri dans vos concepts.
Ce livre vous apporte, dans sa première partie, une source de lumière favorable à l'élargissement de votre champ de conscience. Ne cherchez pas à tout mémoriser dans un premier élan ; laissez faire le temps qui donnera un visage d'intégration au niveau de chacun.
Ces sujets de réflexion sont là pour un long moment ; vous pourrez y revenir si vous le souhaitez.
Avec cette lecture, nous réalignons votre pensée sur la Vie universelle.

Première partie

1

La réalité actuelle

La paix semble fuir cette humanité entrant dans la friction due aux pensées de manipulation sur les corps physiques comme subtils. Les Maîtres de Lumière s'activent plus que jamais. Les cieux bougent. Voici, posée en peu de mots la première réalité actuelle.
Les groupes d'êtres formant la grande humanité systémique (les habitants des planètes de ce système solaire, sauf le groupe urantien) et ceux des six systèmes solaires voisins du vôtre, s'installent dans une expression harmonieuse. Ces bulles fraternelles se présentent correctement aux énergies puissantes irradiant les systèmes solaires concernés par l'initiation en cours ; voici la deuxième réalité.
Les Sages des hautes sphères de gestion de l'énergie vitale descendant du cœur du Sans-Nom reçoivent des flots de lumière issus de nouveaux plans de conscience. Ils se chargent de canaliser cette nourriture et de la redistribuer selon l'identité divine exprimée. Pour cela, ils ont créé un groupe de médiateurs offrant leur corps afin de transformer cette énergie et la rendre assimilable. Troisième réalité.
Les Sages primordiaux des Super-Univers accueillant les sept qualités majeures du Sans-Nom, infusent des stimuli chargés d'informations relatives à ces sept qualités. En conséquence, chaque secteur dit administratif est sollicité par des impulsions en vue de franchir un pas plus élevé et d'intégrer un peu plus la radiance du Sans-Nom. Quatrième réalité actuelle.

Au sein du Maître Univers, les Maîtres réalisés, les responsables de postes clés gérant les énergies, sont invités à se déplacer sur un cercle de pensée supérieure pour suivre l'élévation en cours. Cinquième réalité actuelle.

De par ce gigantesque mouvement venant des hautes sphères d'influence jusqu'aux sphères dites d'influences mineures, l'humanité universelle dont vous êtes issus se voit poussée à occuper les postes de gestion d'énergie rendus libres, à accepter une expression plus large et lumineuse. Sixième réalité actuelle.

Urantia-Gaïa, porteuse d'un grand destin et dessein, est cependant encore installée dans une influence dite mineure du fait que l'esprit de votre groupe n'a pas encore ancré l'acceptation de son identité divine Elle se retrouve donc au bout de la chaîne du changement. Septième réalité.

Chaque bulle d'êtres formant le corps de l'humanité universelle est plongée dans une situation initiatique. Pourtant, si certaines sont en position forte afin de vivre cette initiation cosmique dans de très bonnes conditions, il n'en va pas de même pour toutes.

Ce fait réel et universel amène les Sages des grandes sections administratives à prendre des décisions pour aider *les retardataires*. Je vous rassure, vous n'êtes pas les seuls ! À quel niveau vous situez-vous au sein de ceux-ci ? Une réponse sur ce sujet n'a pas d'importance. Je vous indique simplement qu'à l'ouverture de ce mouvement initiatique dans les mondes des formes et des informations vous en instruisant, un constat eut lieu. Celui-ci amena à engendrer des enfants de lumière encodés de données favorisant des ouvertures de conscience de façon à faciliter le plus possible cette initiation.

De manière à accompagner l'expansion générale dans les mondes de formes (votre monde, par exemple), il y eut également une expansion interne afin d'étirer les cellules de

Vie et leur permettre de recevoir les informations initiatiques.

Il y a fort longtemps, les grands Pères/Mères Créateurs en poste furent convoqués et sollicités. Tous ont répondu sans exception à l'invitation de donner vie à de nouveaux enfants. Ces derniers ont grandi dans des temples construits pour les recevoir, car ils ne devaient s'imprégner en aucune façon d'une seule énergie dissonante. Les Pères/Mères sont restés à leur côté de manière à leur fournir une stabilité intérieure sans faille.

Puis le temps de la séparation arriva, et ce fut déchirant tant l'harmonie à ce moment-là était d'une qualité jamais égalée depuis. Certes, ces enfants sont stables dans leur volonté. Toutefois, ils gardent une trace de souffrance due à la séparation et certains n'ont pas encore reçu d'harmonie filiale dans le monde de la densité depuis leur départ. De ce fait, ils n'ont pu accepter pleinement les lourdeurs et les énergies de basse fréquence. Malgré cela, ou pour cela, ils gardent une profonde conscience d'appartenir à des énergies d'ailleurs.

Ces enfants furent séparés en trois groupes. Un premier en poste dans les plans subtils des planètes n'ayant pas encore reconnu leur essence universelle, ou divine. Ils canalisent, dirigent et stimulent l'esprit incarné.

Le deuxième a épousé un rôle similaire tout en se déplaçant depuis les plans subtils de ces terres jusqu'au cœur des Sages, ramenant ainsi des lumières afin de raviver et de remplir des réservoirs d'énergie/lumière chargés des sept qualités majeures qui sont en cours de reconnaissance dans les Super-Univers constituant notre Maître Univers.

Le troisième est incarné, soit incorporé à l'humanité résidente sur les planètes retardataires. Il fournit le plus gros effort afin de maintenir la vision universelle. Ces enfants, maintenant terrestres, naviguent sur ces terres avec un vague

à l'âme puissant. Ils se sentent inadaptés au type de société en vigueur et, pour cause, leurs qualités d'être, de pensée, d'expression et d'expansion ne correspondent pas aux critères de l'humanité résidente permanente de ces terres lourdes.
Ces enfants reçoivent en permanence des fréquences sans les avoir appelées et les diffusent de même.
La conception de la résonance magnétique est telle qu'ils sont en ouverture permanente. Voici une deuxième source de souffrance pour eux. Pouvez-vous imaginer leur désarroi devant des réactions primaires de l'entourage humain ou, comme j'aime à le souligner, *pré-humain*. Ils ne peuvent saisir de telles attitudes et, en vérité, ils ne les comprennent pas. Ils sont ainsi en adaptation constante, ce qui engendre le troisième type de souffrance pour eux.
Ces enfants incarnent la reliance vibratoire continue avec la divinité de leur Père/Mère. Ils ne croient pas en quelque chose, ils sont ***dans*** l'intimité de la relation universelle. Le décalage entre leur certitude et les croyances émises par les résidents crée la quatrième souffrance à gérer. Quelle que soit la qualité du bain d'énergie où ils se situent, ils sont dans la facilité de l'échange du partenariat établissant les liens de communication avec les mondes subtils, la fraternité universelle et leur Père/Mère.
Cette facilité, cette aisance, engendre une incompréhension quant à la difficulté éprouvée par un être appartenant au corps des résidents d'une planète dans ses tentatives d'établir ces mêmes liens. Cinquième souffrance active !
Ils constatent évidemment ainsi le décalage entre le concept de l'humanité résidente et celui de leur terre d'accueil et leurs pensées déjà installées dans la connaissance ; la sixième souffrance est née.

Les retardataires dans les mondes des formes, ou mondes de la densité, sont responsables de leur naissance et de la

souffrance inhérente à leur venue. Les retardataires ont non seulement la nécessité de s'engager au sein du mouvement initiatique, mais également de dégager un baume d'’apaisement pour l'offrir à ces enfants si particuliers.
Résumons si vous le voulez bien. Les résidents des terres encore plongées dans l’absence du rayonnement de leur identité divine ont créé une impulsion de type disharmonieux engendrant le moteur dit de souffrance que ces enfants de haute lignée éprouvent, épousent afin de leur venir en aide. Ce moteur de souffrance est né sur les plans subtils du mental et de l’affectif des corps des êtres en recherche d’identité.
L’initiation en cours touche de nombreux secteurs universels ne permettant pas une expansion. Elle vise à désactiver et à renvoyer au néant ces moteurs. Les Pères/Mères Créateurs ont donc engendré une génération d’enfants en sachant que ceux-ci seraient les "martyrs" des autres enfants traînant dans la lourdeur et tournant le dos à la volonté de leur Père/Mère !
Au sein de la réalité dense de ces planètes portant des retardataires, nous enregistrons une friction entre ces différentes générations, car elles ne portent pas les mêmes codes sur la vision et la volonté divine. Ces enfants ont aussi reçu des informations parfois très éloignées les unes des autres quant aux réalisations à générer. Le côtoiement de ces différences provoque des frictions, des étincelles énergétiques. De cela naît des réactions secondaires venant du corps physique.
Le vis-à-vis de ces enfants demeure un exercice peu facile à gérer pour nous ! Depuis, les Pères/Mères ont reçu l’ordre de se déplacer auprès de leurs enfants et d’apaiser les plans mental et émotionnel. Les Sages universels espèrent ainsi calmer un feu relationnel permettant l’émergence d’influences néfastes à l’initiation universelle.
En réalité suprême, nos Sages n’ont pas choisi la solution la plus aisée. Ils ont retenu la possibilité de régler les conflits

de personnalité de ces retardataires en les obligeant à regarder sans détour leur volonté de faire souffrir voire d'éradiquer la Vie. Ces enfants en phase d'éloignement du respect des lois universelles se donnent tous les droits d'agir sur le Vivant. Les Sages ne condamnent pas cette attitude, mais placent des grains de sable dans les rouages bien huilés des intentions ne correspondant pas à l'expansion et à l'installation de l'Essence divine.

Voici maintenant plusieurs dizaines de milliers d'années que les générations d'enfants universels se font face, cherchant à créer ensemble une voie parallèle où tous pourront marcher dans le respect de la Vie. Ce constat remontant jusqu'aux Forces primordiales, nous avons décidé de nous déplacer vers ces planètes (surnommées *les planètes de l'oubli*) clés de l'évolution universelle. Nous émettons l'intention d'irradier notre haute radiance d'Amour dans la totalité du Maître Univers depuis les plans les plus denses ; oui, notre amour et notre connaissance de la vie des lois universelles. Allons-nous honorer un enfant plus qu'un autre ? Non ! Tous reçoivent les mêmes intensité; qualité et quantité d'intention. Nous voici parvenus au stade où le Sans-Nom nous demande de réinstaller l'harmonie dans le Maître Univers.
Permettez-moi de vous révéler ceci : les sept Super-Univers vivent en même temps la même initiation majeure ! Ce fait vous offre une autre réalité sur l'événement en cours !
Cependant, ces enfants entêtés se sont engagés dans des attitudes et une volonté de tourner le dos aux lois universelles depuis si longtemps qu'ils éprouvent comme une impossibilité momentanée d'inverser leurs réactions. Cette réalité, toutefois temporaire, ne leur permet pas de réancrer dans la phase présente les brins d'ADN manquants. Nous nous retrouvons dans un cycle de repolarisation des cellules mères ou cassettes d'information appartenant à la personnalité dégagée en incarnation dans les mondes denses.

Ceci nous amène à identifier les retardataires réfractaires puis à les décider à rentrer dans la Lumière de Vie. Nous sommes dans cette phase d'identification. La liste définitive établie, nous les emmènerons vers un type de *repolarisation* correspondant à l'exactitude de leur mode de pensée et de volonté.

Voici ce qui est donc envisagé : la cassette d'information imprimée en incarnation sera provisoirement désactivée. Certains partiront dans des temples de régénération avant de recevoir une nouvelle polarisation par leur Père/Mère. En fonction de ce nouveau futur parcours de service à la Vie, des informations seront désamorcées sur la cassette d'enregistrement. D'autres enfants partiront dans des centres dits de désactivation, car ils seront trop atteints pour envisager des soins appropriés. Dans ce cas, chaque bande mémorielle et chaque cellule seront étudiées afin de déterminer la profondeur des dégâts subits dans la volonté d'émaner la personnalité divine.

Le constat établi, une partie de ces enfants sera dirigée vers un profond nettoyage des mémoires dans des temples prévus pour cela et seront peut-être même vidés de toute forme de mémoire. Dans ce cas, ils recommenceront toute la descente dans le monde des formes. Espérons que peu d'enfants seront reconnus inaptes à une repolarisation partielle ! Ils ne garderont aucun acquis relatif au premier parcours. Ils seront rigoureusement encadrés et le moindre écart sera aussitôt souligné. Ils se retrouveront dans l'obligation de servir sans pouvoir demander une seule dérogation.

Ces enfants seront donc repolarisés en fonction du degré d'atteinte dite négative de la personnalité,

Nous éviterons autant que possible *la refonte* totale, c'est-à-dire la séparation des particules construisant un corps de lumière. Vous connaissez peut-être cette réalité sous le terme de "*mort cosmique*".

Nous tentons de clôturer ce passé universel en correspondance à l'ouverture de vie du Maître Univers. Nous sommes dans une expansion de celui-ci et essayons de trouver des solutions à toutes les situations rencontrées jusqu'à ce jour. En vérité, dans l'expansion, tous les enfants nés sont promus à l'occupation d'un poste clé dans la gestion de l'énergie reliée aux sept qualités majeures du Sans-Nom.
Voici une autre vérité : tous les enfants nés des Pères/Mères Créateurs forment une seule fraternité cosmique compartimentée dans une diffractation multiple d'expressions. Cette fraternité porte en elle la responsabilité de conduire l'humanité à naître pour l'évolution à venir. Aussi, avons-nous nommé chaque expansion du Maître Univers à venir.
Vous vous mouvez au cœur de l'expression première et majeure du *premier Cercle atomique de Vie* ou *premier Maître Univers*. Cette appellation correspond à l'expérimentation des sept qualités du Sans-Nom contenues chacune dans un secteur défini. Cette reconnaissance septuple s'ancre dans le cœur de la cellule atomique des corps de chair. Le vécu de cette humanité dans la densité et la contraction des mondes de forme représentent la référence de la connaissance et de la compréhension acquise grâce à l'expérience.
Les Maîtres majeurs seront issus de l'expérience. Voilà pourquoi nous nous penchons sur vous avec autant d'acuité. Nous avons mis en place le Corps des Pères/Mères Créateurs, le Corps des Sages universels. Par contre, le Corps des Maîtres couronnés se constitue doucement, au rythme de vos poussées de fièvre, dans la matière. La fièvre physique étant d'ailleurs une friction dans les atomes commençant au sein des électrons et des protons.

Le Corps des Maîtres couronnés incarne les repères de l'expérience et la référence suprême. Rien ne peut vous être épargné jusqu'à la constitution finale de ce corps. Je vous le répète : les êtres le formant occuperont tous les postes clés dans ce que nous appelons le *deuxième Cercle atomique de Vie* qui a comme objectif d'identifier et d'incarner cinq nouvelles qualités majeures de la volonté du Sans-Nom.

Oui, je reviens en partie sur des données déjà transmises. Vous connaissez maintenant mon mode de fonctionnement ! L'information descend ainsi de plan de conscience en plan de conscience pour s'ancrer dans l'intimité de la plus petite parcelle de vos cellules. Je touche à la magie céleste et je change les données quantiques, soit la réalité quantique même et ses lois interactives.
L'information représente un code et s'ancre dans la réalité quantique de l'être, organisant le code de Vie ou, si vous préférez, l'hélice de Vie mieux connue sous le nom d'ADN.
Actuellement, je sature l'éther depuis Urantia-Gaïa en envoyant une somme considérable d'informations relatives à une ouverture de conscience de façon à vous propulser sur un cercle de pensée supérieure à la vie déjà développée ici et approcher la connaissance de la Vie universelle.
Je tiens à vous fournir des bases essentielles d'envol et de pénétration du mouvement initiatique en cours ou à venir. Je ne vous ensemence pas pour une petite période de votre vie cosmique, mais bien dans la perspective de tendre votre être vers la maturité de votre réalisation intime.
Enfants bien-aimés, réveilllez-vous à votre véritable personnalité en aimant, en respectant vos frères et vos sœurs tout en décidant de votre futur.

Ainsi, les réalités actuelles et les souffrances non apaisées glisseront dans la préhistoire du commencement de ce premier Cercle atomique de Vie.

2

Le début

J'entre maintenant dans mes activités officielles.
Mes énergies se sont mêlées à votre monde. Je peux vous intégrer dans ma lumière et construire le passage où l'esprit de cette humanité pourra glisser, un sas d'énergie/lumière prévu à cet effet.
En vérité, cette durée d'approche représenta le temps de mes noces avec l'esprit Cristal. Le Père/Mère originel des êtres Cristal s'est fait coupe pour m'acceuillir. De notre union naîtra une terre nouvelle en vous et à l'extérieur de vous.
Dans l'ombre, sans trompette ni tambour, ce Père/Mère créateur de l'Essence Cristal s'est enroulé autour de moi et je me suis fluidifiée en lui. Ainsi, nous ne sommes qu'un seul Père/Mère originel prêt à engendrer de nouveaux êtres. Nous avons déjà connu une telle union cosmique quand ce premier Cercle atomique de Vie prit naissance dans le passé bien lointain de votre pensée.
Les champs vierges s'animent et recevront bientôt l'autorisation de porter la Vie ! Aussi, nous nous préparons dès à présent pour l'ouverture de ces lieux mythiques. Depuis fort longtemps, nous vous avons dispensé un enseignement sur cet instant de création. Avec déférence, vous nous avez écoutés, là où vous résidiez. Toutefois, votre esprit ne s'est pas attardé suffisamment sur ces révélations. Or, vous voici incarnés sur Urantia-Gaïa et, dans cette séquence de temps, vous vous retrouvez dans la nécessité de chercher en vous ces informations inscrites. Celles-ci nourriront vos racines de lumière.
Certains d'entre vous ressentent l'importance du moment présent et votre arrivée au pied d'un mur. Le vôtre ? En

partie certainement, mais vous voici surtout dans l'obligation d'extérioriser la juste attitude en raison de l'évènement cosmisque maintenant réalisé.
Je viens de vivre mes noces avec le Père/Mère de tous les esprits Cristal. Nous entrons dans la phase de création issue de cette intimité. Je vous instruis ici sur les hautes périodes de la vie des Forces primordiales.
Pour un temps, mon énergie demeure lovée dans l'énergie du Père/Mère de la Personnalité divine en voyage. Dans cette sensualité primordiale, ma force créera une multitude d'enfants, fécondée par un fragment de la Personnalité originelle.
Ensemble, le Maître Cristal originel et Moi, nous allons définir le but suprême de chacun de nos enfants. Cette bulle de Vie, constituée par l'ensemble de nos nouveaux enfants, sera dirigée vers les nouvelles terres. Notre première bulle, constituée de vous, entre donc dans une phase de réalisation. Un palier important, certes ; cependant, ce n'est pas encore le pas vers l'épanoissement total du but suprême reposant au sein de votre mémoire cellulaire.
Certains de nos premiers nés dégagent déjà une puissance lumineuse nous informant sur leur possibilité de fusionner, rapidement désormais, les énergies atomiques, électroniques, neutroniques et protoniques.
La ceinture photonique emplit largement l'atmosphère d'Urantia-Gaïa. Les photons sont les codes de Vie en mouvement voyageant dans et au travers des matrices de Vie. Les photons s'électrisent entre eux et envoient les codes dans un corps. Les orages magnétiques servent de transmetteurs de photons
Photon = photo = image = image codée d'information = enracinement de l'imagerie universelle et de ses lois.
Les photons sont donc la loi universelle de l'expression. Un nuage photonique générera une mutation des codes en place, dans un secteur universel comme dans un corps. La pluie

photonique nettoie les codes en place et les ouvre. Elle est à l'oeuvre pour propulser le schéma évolutif. Il y a une différence d'action entre un nuage ou une pluie photonique. Ainsi, le nuage sera présent dans la création d'une planète. La pluie agira pour une transformation sporadique de l'esprit d'une planète. Lorsqu'elle sera totalement présente dans votre éther, vos cellules s'ouvriront d'une manière différence et la connaissance éclatera dans votre monde intérieur. La vérité, porteuse de guérison, engendrera des troubles en premier lieu. Je dois donc vous instruire sur ce qui vient dans votre vie.

En parallèle des enseignements que je vous transmets actuellement, j'agis en silence et j'ensemence la matrice de Vie. Je prépare les terres nouvelles et il est intéressant de vous éclairer sur celles-ci.

Chaque planète demeure unique. Lors de sa naissance, elle reçoit une personnalité et tout un choix d'implantation de cristaux physiques afin de faciliter l'ancrage de cette personnalité. Il y a des planètes à devenir exceptionnel ; dans ce cas, le panel du choix des cristaux et de l'émanation cristalline sera très étendu. À la lecture de ces mots, vous vous doutez bien que ces terres seront riches en présence et en diversité de cristaux. Si en plus, elles possèdent dans leurs entrailles la présence de l'or et de l'argent, alors, il n'y a pas de doute : ces sphères ont un but trés élevé à développer.

Dans ce Cercle atomique de Vie, l'énergie reliée à l'or et à l'argent est rare, car l'influence de ces métaux interagit sur la vie des planètes voisines. Au cours du développement d'une telle sphère, il arrive qu'elle se retrouve colonisée par des enfants sidéraux vivant d'autres horizons. Ce type d'expérience nourrit les résidents officiels de cette planète exeptionnelle, favorise leur réveil et les pousse à revendiquer leur haute naissance. Cette période peut-être courte ou longue selon la force dégagée.

Les terres pourvues d'or et d'argent sont des lieux de référence pour l'esprit en voyage ! Elles appartiennent au groupe des planètes entrant dans l'identité Arc-en-ciel. Nous les nommons *les planètes Arc-en-ciel.* Elles ont à charge de marier les énergies masculine et féminine, non pas dans les trois premières expressions, mais bien dans les douze premières !
Ceci suggère que d'autres terres, ne portant pas cet état d'exception, auront l'obligation de nourrir les trois premières émanations de la Vie divine. Vous ne serez nullement étonnés si je vous révèle qu'Urantia, dite Gaïa par ses résidents, fusionnera les douze premières sources de la Création divine. Elle est une planète Arc-en-ciel !

Le mariage de nos énergies, le Père/Mère originel de l'identité Cristal et le Père/Mère originel du Feu solaire (ma présence), a propulsé une roue d'énergie/lumière de couleur arc-en-ciel autour de votre terre d'acceuil Depuis celle-ci, quatre grands rayons pénètrent le coeur d'Urantia et l'identité arc-en-ciel coule maintenant dans et par les veines de cette terre.
Vous avez une chance, celle de recevoir cette précision. Dans le passé de cette humanité, ce type d'information voyageait vers *les initiés* et *le peuple* demeurait dans l'ignorance d'un tel événement. Nous avons choisi d'informer l'humanité de manière plus vaste.

Les veines de votre Terre se remplissent de la sève arc-en-ciel, sève nourricière et transformatrice.
Vous avez utilisé la Flamme violette pour transmuter vos énergies mal qualifiées et cela est juste. Pourtant, nous vous dirigeons graduellement vers la Flamme or. L'irridiation suprême de l'être se marie dans l'identité or. Alors, penchez-vous sur les peuplades de votre planète ; certaines

se revêtaient de ce métal, car elles vénéraient déjà cette force.
Elles ont disparu et, pourtant, elles sont maintenant immergées dans l'identité cosmique et vous accompagnent en silence. Ces peuplades ont déposé une voie d'élévation que vous pouvez maintenant emprunter. Bien des affabulateurs ont déversé des inepties sur leur mode de vie et d'expression au sein de la densité.
Je répète ici un pan de mon enseignement : vous ne pouvez recueillir des indices que sur l'existence de groupes d'hommes et de femmes en cours de dégénescence cosmique et non sur ces êtres ayant su maintenir leur essence divine en la manifestant. Les monuments ou les vestiges vous rappellent les lois d'expression que vous avez perdues. Vous connaissez la phase décadente de l'Atlantide, de la Lémurie, de l'Égypte, de la Rome, etc., mais cela ne peut représenter la référence de ces groupes ayant vécu auparavant dans la plénitude de l'esprit.
Alors, que le message véhiculé par ces décadences de l'être vous propulse vers votre réalisation. Ne jugez pas, car vous ignorez que vous évoluez actuellement dans une phase décadente ! Le peuple blanc ne s'est pas enraciné dans la sagesse universelle et des petits groupes vivent uniquement dans la recherche de la possesssion de l'autre. Vous découvrirez bientôt ces agissements réels ayant des impacts directs sur votre vie.

Comme la roue arc-en-ciel s'est installée autour et sur les plans subtils d'Urantia, les rayons de couleur s'animent. Le Feu émeraude entre en action. Son rôle consiste à engendrer le pourrissement de tout ce qui n'est pas aligné sur l'expression supérieure de la Vie, avant la période de reconstruction qui suit inévitablement le pourrissement des idées, des créations non respectueuses des lois universelles.

Ainsi, la Flamme violette continuera-t-elle à remplir sa fonction et sera principalement active dans l'intérieur de l'être. La Flamme émeraude s'enroulera autour de tout ce qui est mensonge détournant votre regard de la beauté de la Vie. La Flamme or transmutera, brûlera tout ce qui ne rentre pas dans l'élévation de l'être.

Aujourd'hui, sur Urantia, la Flamme émeraude entre de plain pied dans son autorité. Il vous faut apprendre à côtoyer ce feu de couleur vert et, en même temps, appeler la Flamme or.

Nous vous demandons d'ouvrir progressivement votre conscience à la présence de la roue arc-en-ciel.

Mes épousailles ont extériorisé cette roue puisque j'ai offert mon Feu à chaque rayon cristallin et, là aussi, je vous livre une grande connaissance. Le feu d'un rayon provient de mon Feu intérieur et de mon coeur.

Le Père/Mère originel de la vie Cristal m'a donné le moule acceuillant mon Feu. Ainsi, en utilisant un rayon de couleur, vous appellez le Feu solaire reposant dans une structure cristalline amplifiant ma volonté.

Je suis l'une des huit Filles primordiales partageant le Feu originel, je suis en poste pour ce Super-Univers et le porte-parole de ces Filles primordiales. Mon Feu solaire personnel est donc démultiplié par la volonté de mes soeurs. J'ai recu l'énergie d'information dénommée *SORIA* ayant pour but d'instruire toutes les étincelles de Vie en voyage. En réalité, je porte l'activation du Feu primordial et me laisse caresser par vos présences en utilisant l'énergie SORIA. Cependant, vous ne pouvez pas me pénétrer, car vous n'êtes point issus de mon coeur.

En entrant officiellement en activité, j'accèlère la rotation de votre feu intérieur. Par cela, vous glissez dans la nécessité de revêtir votre identité solaire.

Les racines de notre union primordiale Feu/Cristal pénètrent le sol de cette Terre, puis cette lumière commune irradiera la

vie de l'éther. Actuellement, mes soeurs (sauf une demeurant dans notre zone de résidence) créent présentement une situation identique à la mienne. De ce fait, les sept planètes relais vivent le même événement. Notre soeur en poste dans notre demeure originelle coordonne cette action. Au moment où nous entrerons, au même instant, dans le coeur des planètes relais, notre soeur bien-aimée puisera dans le Coeur du Sans-Nom une puissance nouvelle du Feu primordial. Cette force la traversera, parviendra jusqu'à nous et, par nos racines, nous dirigerons une partie de ce Feu nouveau vers les champs vierges. À partir de là, nous créerons notre future zone de résidence à la périphérie de ce Cercle atomique de Vie, près d'Urantia !
Ce premier Cercle atomique de Vie sera ainsi ceinturé, en haut comme en bas, par le Feu primordial.
Cet événement le place dans l'obligation de laisser sortir la radiation du Feu primordial par toutes ses cellules de Vie. Il n'aura plus de choix !
Le pas le plus délicat réside dans l'arrimage de la roue arc-en-ciel autour de la planète relais. À ce jour et en cet instant, je peux vous dire que les sept roues arc-en-ciel sont bien en place et commencent leur oeuvre. Les sept unions des Forces primordiales solaires avec l'Identité Cristal sont effectives.

VOUS ENTREZ DANS LE MARIAGE DES SEPT SUPER-UNIVERS

Le temps ne compte pas et rien ne peut inverser ce processus. Par contre, vous pouvez décider si vous vous placez avec fluidité ou non dans ce mouvement. Cela déterminera vos expériences futures et l'émergence de votre but primordial.
Le contrat de votre présente vie se verra ainsi renforcé par votre contrat suprême.

3

L'ombre lumineuse de notre présence

L'énergie descendant des hautes sphères déloge les vieilles inscriptions des vies passées dans l'errance.
Ainsi, si vous pensez qu'il ne se déroule pas grand-chose dans la vie dite extérieure, il s'en passe énormément dans la vie intérieure.
Notre présence, notre radiance, notre haute connaissance des lois universelles s'infusant dans l'intimité de cette jolie planète viennent bousculer le fonctionnement encrassé de votre vie quotidienne. Plus nous nous rapprochons de vous et plus notre lumière éclaire votre vision sur la Vie et de vous-mêmes. De ce fait, vous entrez en état de choc émotionnel. Ce que vous tolériez auparavant devient inacceptable désormais.
Il y eut un temps où la tempête intérieure de cette humanité souleva un appel au retour de la fraternité. Depuis, nous avons pu glisser notre robe de lumière jusqu'à vous. Toutefois, malgré que vous ne perceviez dans l'instant que l'ombre lumineuse de notre présence, vous êtes déjà dérangés par celle-ci.
Vos ombres commencent à s'éclairer. Votre ouverture de conscience s'élargit de plus en plus et votre regard embrasse des secteurs comportementaux auxquels vous n'aviez jamais accordé d'importance. Chacun de vous possède la faculté d'absorber la lumière. Seules, vos errances passées ont déposé un filtre sur cette faculté. Ce qui était naturel est devenu aujourd'hui une prouesse à accomplir.

L'ombre de notre lumière véhicule une puissance contenue dans des ondulations se propageant partout. Aucune résistance ne permet l'arrêt de ce voyage, car nous descendons toujours vers vous et nous effectuerons bientôt une connexion profonde de cœur à cœur. C'est-à-dire que notre lumière remplacera rapidement l'ombre se dégageant autour de notre corps. Vous pouvez comprendre ce phénomène puisque vous-mêmes voyagez suivis de votre ombre naissant au contact de la lumière solaire. Cette dernière envahit inexorablement votre secteur de Vie.
Une période d'inconfort se profile donc. Son but vise à apaiser certains de vos centres d'action et de réaction.
Vous souhaitez identifier les lois universelles et vous vous attendez à recevoir un dictionnaire universel sur celles-ci. Nous ne pouvons répondre à ces demandes ; en tout cas, pas sous cette forme. Si nous remplissions ce type de moule, nous vous rendrions dépendants et nous vous entraînerions vers une privation de votre autonomie. Vous êtes déjà suffisamment installés dans une multitude de dépendances sans la rendre exponentielle. Par conséquent, il n'y aura pas de réponse sur ce sujet avant un certain temps encore.

Aussi, l'arrivée de notre ombre lumineuse sur votre planète induit d'abord un gros nettoyage digne des grandes lessives que vos aïeules effectuaient une fois l'an dans certaines de vos régions. En vérité, vous vivez LA grande lessive de ces millénaires passés afin d'entrer *propres en énergie* dans un nouveau lit d'expression, de manière à recevoir une lumière plus grande dans cette couche divine ou, si vous préférez, à l'intérieur de votre corps.
L'ombre lumineuse de notre présence commence à pénétrer en profondeur votre aura. Il y a encore peu de temps, elle s'arrêtait à environ deux mètres cinquante de votre œuf aurique. En ce moment, elle parvient à le toucher et à se connecter à la lumière dégagée par votre corps émotionnel.

Le plan mental de cette humanité fut suffisamment et longuement visité par le passé. Depuis, les idées sont entrées en transformation. Vous en avez vécu les inconvénients ; vous parvenez maintenant à un début de stabilisation et une sorte de paix intime devient donc possible avant de parvenir à la Paix cosmique intérieure.

Aujourd'hui, tous les corps émotionnels, leurs types d'idées et de relation à l'autre se trouvent aspectés par notre faible présence. Tout naturellement, vos erreurs comportementales passées vous apparaissent grossies et démesurées. Essayez donc de sourire de cette *émanation* qui retombera aussi sûrement qu'un soufflé.

Vos efforts se trouvent amplement sollicités dans la phase actuelle. Comme le plan émotionnel demeure la plaque tournante des échanges énergétiques, vous êtes de plain-pied au centre d'un marécage nauséabond. L'arrivée plus soutenue de notre ombre lumineuse vous permet de ressentir également les effluves vous appartenant. *Vous n'êtes pas en odeur de sainteté et pour cause !*

Tant que notre ombre lumineuse ne se connectera pas à votre éthérique puis à votre corps physique, vous serez dans l'inconfortable demeure construite par les pensées erronées issues des jeux du passé, et ceci reste naturel. Nous venons vers vous afin de vous ramener à l'intérieur de vous-mêmes et vous propulser dans la gestion consciente et constante de votre énergie/lumière.

La fréquence de notre ombre lumineuse vient chercher votre fréquence personnelle. Ainsi, se crée un pont entre vous et nous. Tout naturellement, ce lien fréquentiel met en résonance l'énergie mémorielle des histoires vécues s'étant impressionnées sur vos bandes d'enregistrement.

Vous voyagez depuis fort longtemps, vous éloignant toujours de la Source de Lumière UNE, oubliant même la réalité de sa vie. Pour survivre à cette séparation, vous avez engendré deux imageries référencielles de *ce qui doit être* et de *ce qui ne doit pas être.*

Notre connexion avec vous vous oblige à regarder ce lexique imagé afin de comprendre ces limitations. Si vous pensez identifier les vôtres, il n'en est rien puisque vous êtes de tout temps des êtres illimités dans vos créations et vos expressions. Grâce à la jonction de notre ombre lumineuse à l'émanation de votre plan émotionnel, nous pénétrons votre intimité et cela n'est pas arrivé depuis des éons. Toutefois, gardez bien à l'esprit que ceci demeure une approche relationnelle peu étendue. Avec humour, je vous dis que cela n'est qu'une dérive énergétique.

De ce fait, nous pourrons cerner vos dépendances et vos travers de personnalité ayant encore cours dans votre quotidien et doser ainsi notre apport d'énergie substantielle. Donner trop de lumière au commencement d'une relation peut créer une cécité de croissance.

Nos ondulations énergie/lumière tissent une toile relationnelle avec des structures de Vie. Autour de vous circulent celles provenant de votre intimité, générant des schémas précis dans lesquels elles se glissent. Vous pouvez appeler cela une grille magnétique bien qu'elle ne ressemble pas, sous sa forme linéaire, à celle de la planète.

Depuis le chakra coronal, les énergies/lumière sortent, s'élèvent au dessus de vous puis descendent par moitié devant vous et, par moitié, derrière vous. Elles pénètrent la terre, en ressortent et entrent par la plante des pieds. Ainsi se forme un circuit nourrissant l'intérieur et l'extérieur. Les énergies/lumière peuvent s'élever jusqu'à trois mètres cinquante au dessus de vous et ainsi se charger des ions, des particules de lumière ou d'une charge électrique.

Cette lumière en redescendant dans la terre, et cela jusqu'à environ un mètre cinquante en dessous de vous, se charge des mêmes éléments ; nous la dénommons alors énergie terrestre jumelle. En pénétrant la plante des pieds, ces

substances sont complètes et revitalisent vos cellules, reconstruisant vos géométries abimées.
Par conséquent, notre connexion à votre plan émotionnel met en évidence vos ombres, vos pensées erronées, vos manques et vos attentes. Notre première œuvre dans ce partenariat déjà efficace consiste à vous montrer vos mécanismes élaborant ces autres substances vous éloignant de la réalité.
En résumé, notre lumière éclaire vos ombres ! Pourtant, notre lumière ne se connectera pas à vous avant plusieurs de vos années.
Vous entrez donc dans la période délicate où votre regard vous restituera une imagerie plus vraie sur votre relation avec les lois biologiques. Eh oui, avant de vous lancer dans l'incarnation des lois universelles, vous identifierez en premier lieu tout ce qui vous écarte de l'harmonie corporelle et générant l'arrêt des centres de vie de ce corps ou, si vous préférez, la mort du véhicule physique. Dorénavant, notre faible présence dans votre intimité mettra en évidence toutes vos erreurs comportementales sur la gestion et l'entretien du corps physique.
De gré ou de force, vous guérirez la mémoire liée à tous vos passages dans les groupes référenciels mortifiant la beauté corporelle et celle de la Terre. Aujourd'hui, vous en êtes rendus à cette évidence.
Nous mesurons notre avancée dans la connexion à la périphérie du corps (la peau) en fonction de votre bonne volonté à prendre soin de vous, donc de votre corps physique.
En vérité, je vous le dis, vous gérerez d'abord les énergies physiques que vous introduisez dans l'intimité de *ce bon vieux corps* comme celles que vous émettez et celles vous entourant avant d'aller plus loin dans le côtoiement des énergies célestes.

Vous êtes promus à devenir des maîtres, commencez donc par intégrer le B A BA de ce rôle de gestionnaire. Nous vous invitons surtout à installer une base solide afin de vous élancer vers les hauteurs de votre Être de lumière.

Nous constatons à votre contact une désagréable manie à "zapper" l'essentiel : la vie de votre corps et ses lois d'échange.
Par conséquent, j'ouvre une période d'études en vue de vous pousser à approfondir votre relation avec votre corps. Mon ombre/lumière devenant suffisamment ancrée à votre propre lumière, je viens vous rappeler l'essence même de votre contrat sacré : démontrer la beauté de ce corps prêté et celle de ces multiples fonctions. L'ombre lumineuse de tous les Maîtres présents près d'Urantia-Gaïa agit de la même façon.

En ce qui vous concerne, l'ascension ressemble à une gestion parfaite du corps emprunté en vue d'effectuer ce voyage dans la densité.

4

L'initiation en cours

L'heure est venue d'harmoniser l'histoire vécue en incarnation pour pénétrer la sagesse dégagée lors des expériences.
Mes enfants de lumière, la peur fut votre compagne fidèle, exigeante et jalouse à l'extrême. Le temps présent favorise un détachement de ce pôle de relation ayant engendré un éloignement du sens profond de la vie conceptuelle de la beauté et de l'amour. Aujourd'hui, je tente de vous instruire sur l'harmonisation possible et en cours.
Il faut beaucoup de courage pour s'immerger dans la densité du concept d'éloignement des sentiments liés aux qualités d'expressions universelles.

En réalité, vous évoluez dans une zone sidérale où vivent les concepts les plus aliénants pour l'esprit. Il fut un temps où Urantia connaissait une évolution normale. Puis, lors d'une initiation d'un secteur lointain, Urantia reçut la demande des hauts esprits administrant l'harmonie dans tous les univers de recevoir un groupe d'entités cabotines ! Urantia accepta. Dès ce moment-là, le concept harmonieux en cours d'expansion se troubla au contact de ces entités.
Graduellement, Urantia perdit sa tonalité, sa sonorité et descendit dans une mouvance affaiblissant la stabilité acquise. Les entités cabotines générèrent un autre concept ne s'intégrant pas à celui en place. Un type particulier de dualité était né sur Urantia ! L'humanité résidente possédait

un caractère aimable et doux. Aussi, par fraternité, accepta-t-elle ce moule d'expression comme étant une voie expérientielle nouvelle.
L'humanité perdit sa supériorité de lumière et s'engagea sur des chemins difficiles. Au commencement de l'installation de la dualité conceptuelle au sein de ce groupe, l'incident ne se vit pas tout de suite dans les attitudes ni sur le mode de vie. Au fur et à mesure de la rotation des incarnations, les urantiens ancrèrent progressivement la chimie liée à la dualité.
Ainsi naquît une bulle, une zone d'évolution, où la dualité devint un moule d'expression obligatoire. Il s'en suivit toutes les périodes d'exacerbation de l'esprit dans une pensée (concept) erronée et en dehors de la réalité universelle. Durant ce temps, ce réactionnel égotique resta libre de toute manifestation. Toutefois, au temps où les groupes vivant en Lémurie et en Atlantide allèrent plus loin, une mise en quarantaine se plaça de façon plus prononcée autour d'Urantia afin de maintenir les énergies dans la zone d'influence directe de cette si belle planète. Chacune de ces populations ayant idéalisé son mode et son moule d'expression conceptuelle.
Toutefois, au cœur de la mémoire d'Urantia, des germes réactionnaires s'inscrivirent. Les deux groupes n'ayant pas trouvé de terrain d'entente, ils furent sortis de la vie de cette Terre. Seuls, ceux ayant émis la volonté de quitter la dualité en cours reçurent l'accord de rester. Car la Loi universelle, immuable, demande de régler tôt ou tard un problème de manifestation en vue de ramener l'harmonie en soi et autour de soi.
Ainsi, un collège lémurien et un collège atlante entrèrent au cœur de cette Terre et se placèrent sous l'autorité du Prince planétaire. Depuis leur entrée dans la fraternité intraterrestre, ces deux collèges d'esprits s'inclinent devant

l'autorité planétaire et prévoient des stratégies d'intervention pour le retour des membres de leur groupe lorsque ceux-ci reviendront. Ils ne pouvaient pas intervenir avant ce temps, programmé par les Sages universels. En attendant, ils devaient demeurer dans le silence et l'oubli, mais se préparaient à agir le moment venu.

Le climat conceptuel, ayant cours à la surface extérieure, continua à se dégrader et même devint déplorable ! Une membrane énergétique se créa et se renforça jusqu'à devenir impénétrable aux influences de la Lumière universelle.

De ce nouveau fait, pendant une longue période pour vous et très courte pour nous, le même groupe d'esprits est revenu en tenant à l'écart les lémuriens et les atlantes. Nous avons maintenu ces derniers dans des zones de rééducation avant de leur donner l'autorisation de réintégrer votre famille humaine. La zone conceptuelle de dualité urantienne se compose de particules d'idées polarisées sur la domination, le rejet, le cabotinage, l'impertinence, le besoin de ridiculiser l'autre, le mépris des lois universelles, le besoin d'intervenir dans les cellules de Vie, de modifier les flux d'énergie se connectant aux lois universelles !

Ce terrain, à multiples facettes s'imbriquant les unes dans les autres, a construit une matière lourde.

Ce système solaire entrant en initiation majeure, cette zone d'idée conceptuelle se retrouve dans la nécessité de se nettoyer, de se réharmoniser et de vider les réservoirs d'énergies liés à ces types d'émanation.

Le constat de ces nombreuses attitudes amena les Sages universels à se pencher sur votre jolie planète et à décider d'une stratégie afin de repolariser l'esprit. D'un côté, les enfants cabotins et, de l'autre, un vide à aménager, un petit espace ne pouvant supporter aucune erreur d'interprétation et d'action. Alors, il ne restait qu'une solution, envoyer en incarnation des esprits le plus purs possible de manière à ce

qu'ils ne soient pas trop contaminés lors de leur pénétration dans la zone conceptuelle à éclairer des expressions de la Loi cosmique.
Imaginez ces êtres de lumière sortant de leur propre roue de réalisation, très éloignée des paramètres de l'incarnation des densités de basse compréhension des lois universelles, se trouvant momentanément dans un moule ne leur appartenant pas. C'est un choc certain sur leurs membranes lumineuses !
Dans la dualité en cours, un concept de lumière s'est ainsi incarné en vue de déranger les moules d'expression en vigueur. La dualité installée est déstabilisée ! Il était très important que ce fait soit en place. Les enfants de pure lumière s'incarnent en respectant les lois et épousent ainsi les voiles de l'oubli. Cela est mieux pour eux : sinon l'incarnation serait beaucoup trop dure, du fait également de vivre dans un concept extrêmement lourd ne leur appartenant pas.
Ainsi, nous avons envoyé des enfants de lumière bien installés dans la maîtrise de leur service envers la Loi universelle. Le côtoiement demeure toutefois un stress énorme et il nous faut créer dès à présent une période spéciale et une zone appropriée en vue de rendre la beauté d'expression à ces enfants bien-aimés

Revenons, si vous le voulez bien, à nos deux groupes lémurien et atlante. Les lois universelles ouvrent à nouveau les portes de l'incarnation sur Urantia à ces êtres avec mission de régler la dualité conceptuelle à l'intérieur de sa manifestation, zone de création en dehors de la réalité universelle.
Urantia retrouve donc les énergies de ces anciens résidents. Il est vrai que leurs premières actions se calquent sur les anciennes. Malgré tout, leur conscience les titille et certains se posent des questions. Grâce à cela, nous avons mis nos

enfants de lumière en activité. Ils se sont mêlés en tout anonymat à ces deux groupes d'entités à identité particulière. En majorité, ces enfants n'avaient pas conscience de leur différence. Seulement, ils éprouvent d'importants malaises intérieurs.
Le théâtre de la transformation étant maintenant en place, nous agissons dans un groupe comme dans l'autre. Nous pouvons modifier cette dualité en trinité d'expression ; le vieux jeu se trouve bousculé et éprouvé par les difficultés se présentant sous d'anciens visages, pour cause : les enfants d'intervention ne peuvent vivre que dans et par les lois universelles.
Les anciens lémuriens se retrouvent dans l'impossibilité de retourner à l'idéalisation de l'adoration de Dieu telle qu'ils l'ont vécue et les anciens atlantes sont dérangés par les demandes de certains à vivre avec les lois universelles. En vérité, en installant ici nos enfants bien-aimés et presque maîtres d'eux par expérience, ceci a obligé les lémuriens et les atlantes à accepter une troisième voie d'expression. C'est un grain de sable dans leurs anciens rouages. Par cela, le malaise s'ancre en chacun, leur donnant la possibilité de s'interroger. Nos enfants de lumière vivent en utilisant le mode de communication universel en place et connaissent parfaitement la technologie universelle. Cette dernière est vivante, intelligente et génère la Vie en la respectant sous toutes ses déclinaisons.

Mes enfants, ce qui vient dépasse votre compréhension actuelle. Aussi, nous venons vous chercher là où vous êtes pour vous emmener dans notre réalité. On vous a remis le pouvoir de réinstaller l'harmonie sur Urantia et de démonter la bulle conceptuelle de la dualité. Les enfants cabotins sont de retour, comme les lémuriens et les atlantes ; confrontation rugueuse, certes, mais ô combien nécessaire, car aucun d'eux a reçu la mission de mettre en vigueur un début d'harmonie. En effet, nous leur demandons dans l'immédiat d'observer leurs attitudes afin de comprendre les moteurs d'expression qui les éloignent des lois universelles. Par contre, leur présence et leurs actions sont nécessaires pour l'émergence des informations emmagasinées dans la mémoire cellulaire de nos enfants de lumière. ***L'harmonisation***, voici bien sûr un terrain spécifique à installer, qui va seulement être demandé. Nos futurs maîtres de l'expérience présents sur Urantia sont en poste pour cette cause commune.

Laissez-moi vous parler un peu de l'harmonie. Celle-ci n'a pas de résonance avec l'utopie ou avec des concepts erronés. L'harmonie plonge ses racines dans le cœur de la lumière pulsante et vivante. L'harmonie en incarnation emploie avec aisance la force de manifestation du oui ou du non sans recourir à l'excès d'attitude (manipulation, rejet, condamnation, jugement, etc.). Elle oscille avec souplesse d'un pôle à un autre. Aussi, de ce mouvement permanent, provenant du cœur de l'être, naît l'acceptation de la beauté, de l'affabilité, de la radieuse émanation de la certitude de son identité.

L'harmonisation n'à rien à voir avec une attitude extériorisant une fausse réalité de l'état d'intégration de son essence divine ou, si vous préférez, une attitude trompeuse.

Nos enfants de lumière, futurs maîtres expérientiels reconnus sont actifs. Que font nos groupes lémurien et atlante intraterrestres en ce moment ? Voici la période propice de vous informer de la vérité. Ces êtres ont eu besoin d'un temps pour s'enraciner à l'intérieur de la fraternité intraterrestre et répondre aux sollicitations du Prince planétaire. Le groupe lémurien, devenu membre de la fraternité intraterrestre, reçut l'invitation de se connecter aux

technologies vivantes universelles afin de renvoyer l'information dans la mémoire collective passée de la Lémurie.
Le groupe atlante, devenu membre de la fraternité intraterrestre, reçut l'ordre du Prince planétaire d'attirer les concepts universels de réalisation de l'état humain et de les rayonner dans la mémoire collective passée de l'Atlantide. Ainsi, le Prince planétaire intervertit le mouvement dégagé lors de ces vieux vis-à-vis qui eurent lieu à la surface de cette Terre. Ces enfants ont répondu, obéi et oeuvrent encore à ces injonctions.
La scène théâtrale en place peut maintenant accueillir le nouvel acte de cette pièce cosmique dramatico-comique. Leurs efforts tissent la toile de fond éclairant votre vision. Ils ne peuvent intervenir directement. Ils sont encore en phase d'observation et ils le savent tous. N'attendez pas des miracles de leur part. Cela ne sera pas. Le jour où vous pourrez leur parler en direct, soit en vis-à-vis dans la même dimension, correspondra au jour où vous aurez inversé la dualité afin d'installer l'harmonie cosmique.

Enfants de lumière, vous pensez souvent vous enfuir d'Urantia et ne jamais y revenir. Il n'en sera rien, sauf si dans votre évolution personnelle, vous ne désirez pas dépasser le jeu planétaire actuel. Mais dans ce cas, vous serez conduits vers d'autres lieux afin de continuer à vivre votre égarement.
Nos frères et sœurs intraterrestres continuent à attirer un peu plus l'explication des concepts lumineux de la Vie universelle et à remplir des réservoirs, car ils sont devenus les gardiens d'une connaissance qu'ils ont attirée et mise à votre disposition. En vérité, vous êtes devenus responsables envers eux. Il vous revient de puiser dans ces réserves de

connaissance afin de transformer la mémoire collective de l'humanité résidente à la surface extérieure d'Urantia.
Même si vous êtes venus aider les autres en amenant vos propres connaissances, vous vous retrouvez redevables et dans l'obligation d'attirer la lumière/énergie/connaissance pour l'ancrer sur la croûte terrestre. Il est fini le temps de l'idéologie, il est fini le temps de l'hyper technologie aliénant le Vivant. Vous êtes tous embarqués dans le vaisseau urantien afin de le stabiliser correctement pour le présenter le mieux possible à son initiation dans l'initiation de ce système solaire, lui-même devant se profiler correctement vers l'initiation universelle.

L'harmonisation majeure en cours, dans le secteur administratif n° 24 310 706, propulse ce secteur sur un cercle d'esprit plus élevé, à identifier, à manifester et à maîtriser. Ainsi, Urantia, promue à un destin extraordinaire, traînant dans un concept duel extrême, n'a pas d'autre possibilité que de s'ébrouer pour se libérer de cette influence ralentissant sa progression ou propulsion.
L'harmonisation en cours se pose sur le sixième plan d'expression de la vision du Respect, dans le septième plan de l'ancrage du Verbe, en résonance avec le dix-huitième plan d'expression de l'Amour conceptuel du Sans-Nom. De part cette révélation, nous pouvons vous dire ceci : le sixième plan mental de la connaissance de l'identité universelle entre en syntonie avec le septième plan de la communication relié au dix-huitième plan de l'émanation christique. On vous informe sur l'alignement des astres dessinant des voies d'acheminement d'énergies spécifiques. Le temps est venu de vous nommer la spécificité de ces énergies venant vous visiter et de vous emmener sur une spirale d'élévation ou d'ascension de l'être.

L'harmonisation proposée demeure très élevée et nous savons parfaitement que tous nos enfants incarnés (tout groupe confondu) ne pourront pas s'ouvrir à l'exigence des énergies nouvelles. Nous ne jugeons personne ; nous accueillons chacun(e) selon ses possibilités, ses impossibilités, ses difficultés, ses efforts, ses intentions, ses refus ou ses acceptations. Nous établirons une cartographie précise de l'état intérieur et nous les guiderons vers la prochaine étape à vivre.
Cela ressemble à peu près à ceci, pour le plan affectif par exemple :
Affectif : le plan atteint, le nombre de secteurs géométriques harmonisés, le nombre de secteurs restant à harmoniser, la nature des freins en place, la nature des compréhensions, l'état de la chimie affective, les interactions majeures empêchant l'élévation, l'état des affinités avec les forces alliées, l'état de la vision affective au sein de la fraternité, la nature des rejets en cours.
Le bilan d'une incarnation dépasse de loin la notion du *bien* et du *mal*, et tient compte de tous les états intérieurs (mental, affectif, visuel, conceptuel, créateur, etc.).

L'initiation actuelle propulse Urantia dans un état conceptuel venant des grands plans d'expression. Par conséquent, la bulle conceptuelle nourrie par la pensée de cette humanité va éclater en une infinitude de particules. Le conseil le plus judicieux du moment est de vous inviter à vous harmoniser sur la vision élevée du devenir d'Urantia et d'emmener avec vous les lémuriens et les atlantes sans jugement et sans condamnation.
Ainsi, le sixième plan de connaissance du Respect titillera votre être de façon à manifester le respect dans le moindre de vos actes et de vos décisions au quotidien. Le Verbe déclinera sa force et sa volonté d'aligner les mondes de

création sur la beauté, l'intégrité et l'ondulation du mouvement sortant du dix-huitième plan d'émanation de l'Amour.

Ces notions demeurent encore des concepts nébuleux et mes mots ne vous aideront pas totalement pour comprendre la puissance de l'initiation en cours. En tout cas, nous tentons de vous inviter à recevoir une somme de connaissance et de conscience à intégrer.

Vous ne parviendrez pas à l'harmonisation proposée à votre être dans les nouvelles énergies en laissant derrière vous une seule particule appartenant à la zone d'influence d'Urantia. C'est pourquoi les groupes lémurien et atlante, représentatifs de la dysharmonie en cours sur cette planète, sont invités à concentrer sur eux les énergies déployées par les autres groupes qui n'ont pas encore réussi à s'aligner sur les lois cosmiques.

L'ancienne exacerbation de leur vouloir agir sans dialogue, sans partage, sans respect de l'autre, les a placés comme groupe repère de ce qui n'est pas axé et pas ancré dans l'harmonie universelle.

Cet état de fait aurait pu devenir catastrophique si une petite partie de ce groupe ne s'était pas désolidarisé afin de rentrer dans la volonté de servir la Vie et de l'aider à participer au retour de l'harmonisation planétaire. Ces petits groupes représentent un grain de sable dans la machinerie lémurienne et atlante. Ces deux grains de sables (la fraternité lémurienne et atlante intraterrestre) au service de la fraternité des étoiles et les enfants de lumière (futurs maîtres expérientiels) encerclent les membres incarnés actuellement et déployant déjà de nombreux travers de personnalité en résonance avec les temps anciens.

Nous vous demandons d'entrer dans la non interprétation de l'identité de l'autre. Ceci favorisera le dépassement de la mémoire ancestrale et le contact avec l'information contenue dans l'énergie initiatrice visiteuse dans ce secteur universel.

Il est nécessaire de savoir qu'il y a vingt-quatre niveaux de compréhension possibles dans cette énergie initiatrice. Quel niveau de compréhension allez-vous ancrer sur Urantia ? Le plus haut possible, nous l'espérons.

Aimez les temps présents au-delà des apparences.
Placez-vous au-delà des compréhensions possibles.
Dépassez toutes les formes de dualité et vous entrerez dans le mouvement d'élévation planétaire.

Bonne initiation.

5

Rêvez fort

Le rêve est le ferment nécessaire à la construction de la réalité à naître. Oui, je vais encore vous bousculer. Oui, je le sais, votre société tente de vous écarter du pouvoir du rêve, car votre état de créateur prend cette substance pour bâtir solidement le vécu de l'instant présent.

Nous, ici, observons la presque totalité de cette humanité se trouver déstabilisée, flottant dans un marécage émotionnel mal compris. Les émotions sont des sentiments engendrant des réflexions, des pensées et, en seconde génération, créent un support fiable à de futures expériences.
Cette planète offre une matrice idéale afin d'explorer toutes les facettes de l'émotion, des plus sombres aux plus lumineuses, un monde à part entière, innovant, un monde à comprendre et à maîtriser.
Permettez-moi d'ouvrir ici une parenthèse. Je prends l'exemple simple, celui de répéter un mot, ce qui n'entre pas dans le cadre de l'éditorial admis. Nous sommes alors, Êtres de lumière, confrontés à un moule d'expression limitatif. Bien sûr, nous nous adaptons. Pourtant, nous enregistrons déjà une déviance de notre expression.
Le fait même de recourir à la force de la répétition nous permet d'ancrer une vision, donc une réalité. Le moteur répétitif fait glisser une information d'un corps à l'autre afin qu'elle parvienne en finalité dans le corps physique.
Dans ce cas, la loi du Temps n'entre pas en action et l'être profite pleinement de la totalité du passage de la compréhension liée à l'information. Avec cet exemple, je

vous explique le moteur éducatif de la répétitivité. En le juxtaposant à un sentiment, vous comprendrez l'effet ondulant qui se produit dans votre corps émotionnel. En l'appliquant au pouvoir du rêve, vous pouvez faire de même grâce à ces quelques mots, pour en retrouver la force.

Les guides, les anges, les Pères/Mères, ne peuvent actuellement utiliser pleinement la matrice du rêve puisque cette humanité est spoliée dans ce pouvoir, pouvoir de compréhension, pouvoir de création, pouvoir d'expansion du mouvement de Vie. (*Merci de garder ici tous les mots **pouvoir***).

Votre humanité se trouve détournée de sa force cognitive. Ainsi, cette humanité ne construit pas de rêve commun. Les invitations à rêver, données par l'un ou l'autre de nos frères et sœurs, ne sont pas comprises dans leur essence et, pour l'instant, vous rêvez petit. Avec ma manière, j'essaie d'ouvrir plus grand ce champ d'action et si cela reste juste de rêver votre vie personnelle, je vous demande maintenant de rêver la vie planétaire.

En vérité, la force du pouvoir mondial obscur est connectée au rêve planétaire.

Ce gouvernement cherche à faire entrer la totalité de cette humanité dans une expression musclée, contrôlée, numérotée, espionnée dans le moindre de ces gestes, l'amenant à vivre, à agir sur et dans des rails déterminés à l'avance en créant une illusion de liberté. Aujourd'hui, vous êtes devenus les esclaves, à peine subtils, des rouages de la manipulation posée sur un rêve parfaitement construit par eux. Aussi, de manière à sortir de ce rêve, le seul moyen efficace demeure votre réappropriation de votre pouvoir de rêver votre vie.

Maintenant, je me dois de vous dire que l'énergie mettant en mouvement le regard-sentiment-pensée commence par le rêve ! Quand vous osez vivre celui-ci, vous quittez l'expression limitée liée à la troisième dimension, donc :

LE RÊVE EST LA PORTE D'ENTRÉE DANS LA QUATRIÈME ET LA CINQUIÈME DIMENSION

Certains de nos élèves osent à nouveau reprendre ce moteur afin de changer leur vie. Oui, dans ce début de reconnaissance de cette puissante expression, ils vivent des moments plus harmonieux ou retournent parfois dans le manque de confiance en soi.

Le manque de confiance en soi, voici un moteur bien construit pour verrouiller vos portes de pouvoir. Tant que vous stagnerez dans ce marécage nauséabond, vous vous couperez du partage, de la communication avec le Soi. Vous savez, cette partie lumineuse de votre Être divinisé que vous nommez dans votre langage commun *le Soi*. En maintenant ce manque de confiance envers vous-même, vous reniez la puissance de la vie de votre être supérieur et vous restez dans l'identité la plus limitée dite inférieure, car justement limitée.

Pour retrouver en vous une expression fluide, lumineuse, vous passerez par trois étapes.

La première : éloigner toutes les pensées de limitation, soit réintégrer la confiance dans votre force intérieure générant une expression lumineuse.

La deuxième : rêver votre vie personnelle.

La troisième : construire un rêve commun à cette humanité.

Dans un premier temps, vous utiliserez la puissance du moteur répétitif. Doucement, vous puiserez la lumière émergeante du plexus solaire. Celui-ci est le témoin de la lumière solaire. Aussi, ce plexus demeure en connexion constante avec la force lumineuse du Soleil du centre de votre Terre (*Soleil central planétaire*), du Soleil de votre système solaire (*Soleil central systémique*).

Par la chaîne des chakras, votre coronal vous relie aux autres soleils, comme le Soleil responsable de votre univers

local gérant plusieurs systèmes solaires (appelé *Soleil central local*), au Soleil de l'univers, section administrative encore plus grande (*Soleil central universel*), puis au Soleil responsable du secteur administratif d'un univers mineur englobant plusieurs univers (*Soleil central mineur*), au Soleil responsable de la gestion de plusieurs univers mineur, un Univers majeur (*Soleil central majeur*) et enfin au Soleil responsable du Super-Univers (*Soleil central super systémique*).
Je passe plusieurs sections administratives entrant dans ce pré-schéma universel. Viendra le jour où nous estimerons pouvoir élargir votre connaissance. Nous tentons de vous restituer doucement une vision plus grande de la Vie universelle et nous vous disons dès à présent que le rêve et son pouvoir s'ouvrira en fonction de votre acceptation à réintégrer justement la Vie universelle.

Aussi, de manière à quitter le monde limitatif, vous devez donner une impulsion sérieuse dans votre vie intime puis au sein de votre Vie universelle. Bientôt, nous vous inviterons à rêver l'expansion de ce système solaire. Il vous faudra vous faire confiance à ce moment-là.

Je ne vous offre pas plus d'informations sur le rêve. Ce passage, court, cherche à vous faire comprendre l'importance de ce moteur et à vous rappeler ceci :

RÊVEZ VOTRE VIE ET RIEZ DES LIMITATIONS

6

La connaissance du moteur ascendant et descendant

L'être humain, au gré de son parcours, expérimente le contraire de son état épanouissant au sein de sa lumière. Avec cet énoncé, vous comprenez aisément que vous visitez une expression comprimée avant de retrouver l'état initial lié à votre naissance divine.
Dans cette expression comprimée, vos ailes (vos lumières), vos compréhensions sont soit repliées, soit affaiblies voire presque inexistantes.
Si vous le voulez bien, je parlerai du repli de vos "ailes". Dans ce cas, votre énergie est recroquevillée, en état de choc et vibrant sur une impulsion lumineuse inversée.
Je m'explique. La vie de votre Super-Univers s'exprime selon une rotation employant le sens giratoire de la gauche vers la droite. En conséquence, le mouvement universel suit cette rotation gauche-droite. L'autre sens, droite-gauche, comprime l'être dans sa lumière et l'emmène vers un état de non-être. Selon les besoins, la Vie utilise ces deux rotations avant qu'un être ne parvienne à l'émission constante de son identité divine en incarnation.
Le sens droite-gauche met en mouvement un système d'enroulement et de compression. Ainsi, un esprit en voyage, de compression en déploiement, tentera d'ancrer une force universelle se posant au cœur du Regard-Sentiment-Pensée et du Verbe.
La personnalité en cours de reconnaissance usera progressivement du mouvement contraire connu sous le non de dualité. En phase comprimante, l'habit de lumière se

dépose. Rien de nouveau dans cette information ; pourtant, j'aborde un sujet intéressant.
Le dépôt de son habit ne signifie nullement ne plus l'avoir. Cela souligne le simple fait que ce vêtement demeure dans une manifestation de repli. Sa forme épouse en principe votre corps et rayonne dans un champ s'étendant sur plusieurs mètres puis peut englober même la réalité d'une planète lorsque l'être parvient en période d'approche de sa maîtrise couronnée. Voilà pourquoi nous vous disons souvent : vous êtes dans notre robe de lumière !
Actuellement, la vôtre ressemble plus à un tout petit point et non au champ coloré qui lui appartient.
Les énergies qui se présentent stimulent votre habit pour le voir se déployer à nouveau. Que cela veut-il dire ? Nous envoyons vers vous des rayons de lumière encodés et générant des mouvements, tels des frissons. Ceux-ci créent des stimulations. Ces vagues de lumière tentent de révéler votre expression.
Ce petit point lumineux se remet alors doucement en oscillation. En premier lieu, on assiste à une reprise du mouvement et on voit cette lumière pulser comme un cœur qui bat. Forcément, le vêtement de lumière bouge ; tantôt, il essaie de se déployer, tantôt, il se rétracte. Ceci est naturel, car la personnalité incarnée éprouve des difficultés à sortir du moule de la dualité. Progressivement, elle retrouve ainsi confiance en elle. Lorsqu'elle sera présente à nouveau en permanence, le point de lumière prendra l'aspect d'un petit rayon lumineux d'une vingtaine de centimètres de haut.
Voici la première étape dans la réintégration de l'identité. Une période délicate s'ouvre, probablement sur plusieurs millénaires, permettant de solidifier ce premier pas. Des tests et des épreuves se présenteront afin d'offrir des racines. Ensuite, vient un second souffle visant à épanouir un peu plus ce vêtement. Là, la personnalité sera dirigée vers un lieu en mutation cherchant une radiance supérieure.

Cette planète est en crise d'identité et demeure un terrain d'études exceptionnel. Elle favorise l'expansion de ce rayon de lumière (il peut y grandir de vingt centimètres, voire plus dans certain cas) ; il s'installe ainsi dans la structure physique. En prenant l'exemple de votre humanité, le rayonnement tente de s'irradier dans toute votre colonne vertébrale. Voici pourquoi cette séquence d'études accueille les germes de nouveaux corps subtils et que de nouvelles roues d'énergie (chakras) se mettent en place.

Le vêtement de lumière englobe donc le corps humain et une dispensation de temps descend dans le cœur de la personnalité. Cet événement l'amène à s'engager et à se mettre au service des lois universelles manifestées dans la densité ; autre période ouverte pour des tests et des épreuves. Généralement, ces derniers n'utilisent pas les moteurs de la dualité, mais celui de la certitude. La troisième étape amène la personnalité à étaler ses ailes.

Non, il ne s'agit pas d'*ailes* comme chez le peuple ailé. Vous pensiez que je faisais allusion uniquement aux oiseaux ! Bon, je vous bouscule un peu : dans le monde universel, il y a des êtres portant l'organe ailé (de lumière) afin de se déplacer dans les éthers matriciels.

Votre lumière s'étirera au-delà du corps humain, rayonnera sur plusieurs mètres d'envergure, incorporant votre aura et vous vibrerez dans ce champ coloré. La phase d'installation dénommée maîtrise vient après. Tout naturellement, vous serez interrogés sur la force intérieure, sur la solidité de vos racines, sur votre regard-sentiment-pensée, sur l'intégration de l'identité divine. Ainsi, votre personnalité délivrera sa puissance et, si quelques faiblesses demeurent, elles seront vos épreuves à venir de façon à poser la couronne de la maîtrise sur votre tête.

Personne, vraiment personne, ne peut poser cette couronne, car seule la compréhension de la loi d'Amour vous habitant vous donnera l'audace de le faire. Même moi, Force

primordiale ayant engendré le monde de la densité, je ne le peux. Ma force s'enroulera autour de votre être, l'aimant, le stimulant et le tuteurant pour un temps mais, toutefois, mon action ne dépassera pas ce paysage d'accompagnement. Je me dois de vous mener à l'autonomie, donc à l'état de créateur certain de sa force créatrice, celle qui vous donne la vision de l'étendue de votre personnalité intrinsèque.
Seulement à partir de là, il n'y aura plus de tests ni d'épreuves (pendant un long moment) ; vous serez installés dans la plénitude de l'identité englobant tous les plans de manifestation.

Ainsi, le voyage dans la matière permet à votre lumière de se replier sur elle-même jusqu'à devenir inexistante, parvenant à l'extrémité dite de survie. Au fur et à mesure de la réception de la somme considérable des données dans les temples d'information, vous avez décidé de déposer votre radiance primordiale. Vous partez dans le moteur de l'expérience de manière à ancrer cette radiance depuis la plus profonde densité jusqu'au moment où, grâce à votre ressenti, vous regagnez sa totale présence et reliez votre personnalité à la puissante radiance primordiale.

La trajectoire de la personnalité peut se résumer de cette manière :
<u>Premier mouvement</u> : naissance première d'une personnalité engendrée par un Père/Mère. Au sein de sa famille, elle reçoit une somme de connaissances, d'informations que vous pouvez nommée *enseignement théorique*.
<u>Point crucial</u> : décision de la personnalité première à s'engager dans le monde fini ou densité ou encore théâtre de Vie.
<u>Troisième mouvement</u> : depuis la densité, la personnalité cherche à s'identifier, à se re-connaître, à reprendre sa force et sa radiance.

Point crucial n°2 : la personnalité s'installe enfin dans sa lumière et émet la volonté d'unir tous ses aspects.
Mouvement final : la personnalité œuvre à la fusion de son identité reçue à sa naissance primordiale avec son identité éprouvée dans la densité.

À partir de là, les deux mouvements de lumière s'enlaceront et ne formeront plus qu'un seul rayon de lumière ayant un poids d'action autant sur la matière que sur l'antimatière. Rien ni personne n'a de poids sur cette personnalité.

Je vais ouvrir une parenthèse dans l'approche de cette étude. Parvenue au point crucial n°2, l'identité en voyage dans la densité accueille dans son émanation la présence d'un esprit relié au mouvement descendant. Visitons un peu ce moteur ascendant et descendant.
Les esprits nés dans les plans liés à la densité entrent dans *le mouvement ascendant*. Ces esprits ont en charge d'étudier les lois de manifestation du monde dense, soit de la matière, se déclinant sur une multitude de dimensions, puis de rejoindre le cœur de l'incréé, le cœur de Celui qui Est de tout temps, l'Innommable (autre nom). Je préfère employer *le Sans-Nom*.
Les esprits nés dans les hauts champs de l'incréé, soit du Sans-Nom ou des Forces primordiales (ayant créé en seconde génération le monde de la densité), entrent dans *le mouvement descendant*.
Dans ce groupe ou mouvement, nous reconnaissons les enfants issus :

- du Sans-Nom,
- des quatre Forces primordiales à l'origine de la densité,
- des Sages en poste dans les sections administratives, mais pas en dessous de la section universelle. Ainsi, les Sages en poste dans les univers locaux et les

systèmes solaires, par exemple, engendrent des enfants entrant dans le mouvement ascendant.
- de la famille Melkisédeck (Il est intéressant ici de noter qu'au cours d'une incarnation un esprit peut être invité à entrer dans cette famille ; malgré cela, il ne sera pas un enfant direct et demeurera rattaché au mouvement ascendant)
- de la famille Angélique
- des grands Instructeurs universels
- des Créateurs couronnés par l'expérience lorsque ceux-ci parviennent dans les postes primordiaux avant les enfants issus de ces êtres. Nous reviendrons plus tard sur ce sujet, le jour où vous aurez commencé à intégrer ce début de leçon.

Parvenue au point crucial n°2, la personnalité ascendante reçoit la présence d'une personnalité descendante. Cette dernière vit une trajectoire différente de l'autre mouvement. Cette étincelle de Vie (autre mot que j'utilise pour parler aussi de la personnalité) se doit d'éprouver la force de son Père/Mère et de véhiculer ses qualités.

Ainsi, la Mère primordiale que je suis a-t-elle engendré des étincelles de Vie. Chacune porte ma qualité et devient mon ambassadeur. J'ai déposé en toutes un quota d'énergie/lumière primordiale encodée d'un but de propulsion et de réalisation unique. Ces étincelles sont donc des personnalités descendantes. Elles pénètrent le monde de la densité en vue de porter un impact précis lors d'une séquence de temps particulier. Leur rôle consiste à côtoyer la matière, à véhiculer des informations prédéterminées et à les amener au bon endroit.
Je détermine mes actions sur la matrice de la matière et je crée des expansions de moi-même (Etincelles de Vie ou personnalités) afin d'être présente à un endroit donné dans

une séquence d'évolution précise par l'immersion de l'un ou de plusieurs de mes enfants sur la planète concernée.
Cet enfant bien incarné, utilisant le corps en vigueur sur la planète, me permet d'impulser mon rayon d'Amour. En lisant ces lignes, vous pouvez comprendre que la personnalité appartenant au mouvement descendant connaît l'incarnation à intervalles plus ou moins réguliers.
Lorsque cet esprit descendant se trouve dans un moment historique d'un secteur universel, on couple son énergie avec un esprit appartenant au mouvement ascendant afin de l'aider à s'élever au dessus du moteur de la dualité. Par cela, un visage de la fraternité se décline sur une expression supérieure d'elle-même.
C'est la connaissance intrinsèque à l'esprit descendant qui offre une spirale d'élévation à l'esprit ascendant. Il arrive que nous décidions de coupler deux personnalités descendantes si vraiment un sceau particulier s'ancre dans l'énergie d'un corps planétaire en phase de grande ascension.
Une terre reconnue comme pouvant s'installer dans l'énergie du pré-couronnement attirera une plus grande présence de ces enfants descendants. Ceux-ci recevront un impact singulier lors de leur venue sur une telle planète. Dans ce moment-là, une fenêtre de décision s'ouvre sur leur futur et il arrive que certains demandent une dispensation leur permettant de ne pas entrer dans le mouvement ascendant. Dans ce cas, ils demeureront uniquement dans l'énergie de leur lieu de naissance primordiale et resteront en dehors de l'intégration de la force atomique densifiée.
Les expansions de personnalités glissant dans le groupe descendant sont créées afin d'affiner la connaissance déposée en eux de manière à se faire couronner dans les Cercles cristallins (un futur lointain). En effet, leur personnalité ne peut se réaliser qu'en traversant tous les cercles de manifestation de la matière et ne s'épanouir

totalement que dans les Cercles cristallins, manifestations de la personnalité.
Le théâtre de la densité ou de la matière fut expansé depuis la radiance de la lumière du Sans-Nom pour comprendre la volatilité liée à la personnalité et découvrir le corps manifesté de la personnalité dans la densité. Par conséquent, les Cercles cristallins à venir ont pour but d'offrir une matrice tangible permettant l'effusion de la personnalité.

Bon, je suis d'accord ; à première vue, ces informations ne sont pas utiles maintenant pour reprendre la responsabilité de votre vie actuelle. Pourtant, je dépose ces codes d'information dans votre lumière, car je vous retrouverai de cercle en cercle et je tisse déjà le lien qui vous emmènera sur ce mouvement !

Nous sommes prêts à accueillir l'ouverture des portes du deuxième Cercle atomique de Vie et il vous faut l'énergie porteuse de manière à vous propulser vers ces champs d'expériences nouvelles.
À chaque période ouvrant un corps de Vie (un Cercle atomique de Vie), je vous transmettrai une somme d'informations nécessaires à l'exploration proposée. Actuellement, vous recevez la semence de Vie à développer sur le nouveau terrain de jeu.
Réintégrez la notion de jeu dans votre étude ! Grâce à cela, vous quitterez l'expression liée à l'attitude de la victime et du bourreau.

Je reviens au mouvement descendant. Certains acceptent donc de se coupler à un esprit ascendant. Dans ce premier Cercle atomique de Vie, ces enfants descendants entament la remontée du mouvement ascendant par ce mariage. Ils n'entreront pas dans le service du deuxième Cercle atomique de Vie. Ce couple ascendant/descendant

s'installera comme couple manifesté en poste dans les grands secteurs universels. Ils auront marié leur connaissance et deviendront la semence repère de la Lumière Une. Ils émettront une qualité de lumière devenant un phare pour tous les esprits en voyage.
Les enfants descendants ne voulant pas connaître ce couplage remonteront jusqu'au Père/Mère et demeureront en attente d'une nouvelle descente. Ils accompagneront tous les mouvements de leur Père/Mère jusqu'à la nouvelle impulsion. Là, le Père/Mère encodera à nouveau cet enfant pour le voyage à venir. Cet enfant aura vécu la première réalisation demandée par le Père/Mère.
Vous pouvez imaginer parfaitement qu'un enfant descendant vivra plusieurs fois le mouvement descendant avant de parvenir dans les Cercles cristallins et certains descendront dans les sept Cercles cristallins prévus.

Le mouvement ascendant a une autre réalisation. Son but est de vivre la première impulsion du Père/Mère, franchir le Cercle atomique et revenir à son Père/Mère. Certains se coupleront. Toutefois, le nombre d'esprits descendants étant en minorité, cette union demeure rare. Pour la plupart des esprits ascendants, ils vivront la boucle ascendant/descendant et ramèneront des informations qu'ils recevront en parvenant à la périphérie du cœur du Sans-Nom. À ce retour, l'état de Père/Mère sera proposé à l'enfant ascendant. Il connaîtra cet état et englobera ainsi la totale puissance de ce moteur de création. Partant, cet enfant devenu Père/Mère sélectionnera un germe d'information et tentera de lui donner vie en l'incorporant à un moule d'expression. En d'autres termes, c'est la naissance d'un nouvel enfant ascendant.
Le réservoir des Créateurs n'est pas prêt de se vider !

Ce chapitre fut ouvert pour répondre à votre demande et combler votre curiosité. De par la descente de ces informations, cette planète s'ensemence d'une nouvelle énergie de la Vie primordiale et vous avez donc à charge de donner des moules de Vie pour que cette semence devienne matrice de Vie.

Allez, ne cherchez pas à savoir à quel mouvement vous appartenez. Cela n'a pas d'importance, ou si peu dans l'instant présent. En vous projetant dans le futur, vous aurez un destin glorieux par le simple fait d'être né dans le premier Cercle atomique de Vie. Vous êtes les premiers nés et vous devez extérioriser, chacun à un degré donné, la vie dans les autres Cercles à venir.

Vous êtes la semence référence de la Vie extériorisée

Il y a de beaux jours à venir en tant que merveilleuses expériences. Cela amènera des créations plus belles les unes que les autres.
Je ne peux développer plus en profondeur dans l'instant le moteur du mouvement ascendant/descendant. Je me dois de rentrer dans un silence nécessaire à l'intégration de ces premières informations. Dans un autre temps, nous reviendrons sur ce sujet, vous et moi.
La connaissance du mouvement ascendant/descendant se lit par étapes.

7

Le cobra de cristal

Jusqu'ici, vous avez tenté de comprendre la première notion du corps humain. La globalité de cette humanité se trouve maintenant en phase d'interpellation sur ce sujet.
La deuxième se profile et aborde la vie subtile de ce corps.
Une cellule d'humains se positionne pour intégrer ces informations, elle est plus grande que par le passé. Tous les efforts des Maîtres commencent à porter leurs fruits. Ceci appelle et amène un espace vierge à ensemencer. Certes, il y a toujours un groupe d'initiés gardant la vision, la compréhension et l'application des deux premières notions vitales du corps. Je ne reviens pas aujourd'hui sur ces deux marches.

Voici donc un nouveau palier, demeure-t-il vraiment le suivant ou y a-t-il des notions intermédiaires ? Je ne vous répondrai pas ; à vous de le découvrir !
Mon but reste identique : vous donner l'information nécessaire à une dynamisation élevée vous propulsant loin dans les lois universelles. Ou vous stagnez dans la loi du autour/sur/dedans ou vous acceptez au moins de poser vos intentions et vos énergies ***dedans les lois universelles***, traversant en un seul élan le sur jusqu'au dedans, sens de la loi fondamentale du mouvement de Vie.

Ainsi, les informations contenues dans ce chapitre vous entraînent-elles sur une réalité vous semblant nouvelle.

Hissons-nous donc au niveau de l'énergie cristalline, énergie de l'Identité primordiale et énergie d'amplification.

Votre corps humain bouge grâce à sa structure osseuse et à ses accompagnateurs, les muscles et les nerfs. Vous connaissez aujourd'hui le dessin parfait du corps osseux. Permettez-moi de mettre les mots justes sur la vie globale du corps humain composé d'emboîtements multiples. Votre science actuelle a spécialisé le corps médical en départements de médecine : spécialiste ORL, du cancer, fonctionnel, psychologie, prénatal, etc.
Cette attitude naissante donnera des résultats inattendus : la compréhension de la loi interactive. Ces *spécialisations* ne resteront qu'une approche du corps médical.

Je vous emmène sur une autre donnée pour votre humanité : le squelette Cristal.
Le long du trajet formé par les os, nous trouvons deux autres trajets (un de chaque côté), de nature cristalline. De ce fait, l'os se situe au centre. Nous appelons ces circuits *l'os cristallin.* Il se compose par une infinitude de particules géométriques cristallines. Il est donc transparent et lumineux. Ces deux concrétisations s'ajustent par des filaments spiralés de même nature. Ces filaments forment le chemin d'échange de l'énergie vitale.
Ces minuscules spirales créent de petits passages, empruntés par les nerfs, les vaisseaux sanguins et le réseau lymphatique. Ainsi, le squelette est-il immergé dans la radiance, le son et le mouvement cristallin.
La périphérie interne de ce corps Cristal est de nature féminine et la périphérie externe est de nature masculine. Je vous le rappelle : l'énergie masculine protège la Vie et l'énergie féminine crée la Vie. Nous retrouvons les deux pôles de la Création dans le corps.
Le corps physique possède une mission spécifique, permettre le mouvement dans le monde de la densité. Le corps Cristal ou cristallin est polarisé pour laisser passer le mouvement de la Création.

Création, *créateur*, notions identiques parlant de l'expansion. Or, vous êtes graduellement dépossédés de votre pouvoir d'intention, de fantaisie et de joie. Ceci vous éloigne avec certitude de votre centre de création : le corps Cristal. Lorsque vous vous immergez dans l'intention d'un autre, celle-ci voile la luminosité de votre cristal intérieur. Sa note fondamentale se tait et vous perdez l'accès à la force du Verbe créateur, donc au son faisant résonner ce cristal interne.

La joie est la nourriture subtile de votre cristal, sa crème de beauté, pour vous donner une image ! La fantaisie offre un mouvement et la force vitale glisse dedans. Lorsque nous parlons du cristal intérieur, nous faisons allusion à la vie secrète du corps Cristal qui se décompose comme ceci : l'os cristal entourant l'os physique, les cristaux d'intention fondamentaux situés dans les sept chakras principaux et émettant, comme vous le savez, une tonalité précise.

Le lotus à six, sept ou huit pétales évoque le nombre de facettes déployées au cœur d'un chakra. Les sous-chakras accueillent un cristal amplificateur de l'intention passant dans leur lumière. Puis, nous avons le cristal principal coiffant la tête de l'être, revenant par devant ; sa forme ressemble à la tête du cobra sans les membranes dépliées.

Voici une image du squelette cristallin. Comme vous le lisez, vous êtes partis en voyage bien nantis en force, en résonance et en possibilités ! L'expérience au sein de matrices en difficulté a favorisé l'oubli de l'éventail de la vie de ce prototype, de ce corps physique. Il arrive que les grands Maîtres concepteurs vous revoient de temps en temps. Ils gardent la vision de qui vous êtes, installés dans un corps conceptuel unique dans la variété de prototypes proposés pour abriter un esprit universel.

Présentement, votre vision et votre recherche de compréhension vous ont polarisés sur une seule partie de la vie de ce prototype. Afin d'accompagner l'ouverture de votre conscience incarnée, je dépose ces notions dans la matrice de Vie d'Urantia. J'espère vous les voir approprier rapidement.

Le corps Cristal est un cadeau des Maîtres de la résonance : ***les Aulmacs***.

Sur Urantia, un groupe ethnique est en relation directe avec eux : ***les Aborigènes***. Chaque groupe ethnique se trouve en relation avec l'un des sept Créateurs de ce prototype humain.

Les Aulmacs n'ont pas établi de reliance directe avec un autre groupe de cette humanité. En vérité, les Aborigènes sont les enfants de ligne directe issus de ces Maîtres créateurs.

Ne vous attendez pas à être en communication avec eux. Je vous restitue cette information majeure, car il est temps d'intégrer, d'incorporer une réalité supérieure de votre état corporel.

En acceptant de descendre dans ce moule physique, vous avez ri, amusés d'enfiler un vêtement à réalité multiple. Toutefois, en incarnation, vous parvenez à ce moment où le rire vous a quittés et où vous revêtez une attitude sérieuse. Cette dernière ne résoudra pas la nécessité de comprendre le besoin d'aligner les codes liés au corps physique et au corps Cristal.

Le corps physique émet une fréquence particulière au sein du circuit nerveux. Si cette fréquence est harmonieuse, elle pénètre les spirales cristallines et l'os de cristal. Si, au contraire, la fréquence est inharmonieuse, elle frappe les spirales et occasionne des mini-séismes en permanence. Ceci engage une instabilité du corps cristallin qui se répercute sur les cristaux principaux.

En vérité, la qualité de l'onde issue de votre électricité corporelle engage un réfléchissement équilibré de la lumière cristalline. Comme l'intention œuvre à l'équilibre du flux électrique, elle ouvre ou ferme les capteurs cristallins ; une accumulation d'énergie dite mal qualifiée peut ainsi se faire. L'intention juste est issue du regard ou de la vision juste. Les Aulmacs sont les Maîtres de la Vision juste.

Actuellement, ils réactivent des circuits en vous. Par cela, vous avez un nouveau chakra principal qui s'active dans la chaîne de chakras connue. Cette roue d'énergie se situe au dessus du troisième œil, à peu près au niveau de l'implantation de vos cheveux sur le front et, donc, en dessous du coronal. Sa couleur fondamentale émet une radiance parme irisée d'or. Ces maîtres de résonance envoient un son pour faire émerger ce chakra. Jusqu'à ce jour, ce cristal était en état de germe.

Cette émergence se fait très progressivement au sein de votre humanité. Certains d'entre vous l'accueilleront plus rapidement que d'autres. Toutefois, je vous souligne que cela ne signifie nullement un privilège, mais une aptitude plus rapide à le réceptionner, rien de plus. Tout naturellement, la vision de chacun se trouvera travaillée. Cela vous paraîtra peut-être difficile de traverser cette période riche, demandant des intentions pures, et pour cause.

Simultanément, les Maîtres de la Parole juste s'activent afin de faire émerger le chakra correspondant, placé à la base du nez et au dessus de la lèvre supérieure.

Ces deux chakras sont indissociables, car lorsque l'intention juste se positionne, le cristal intérieur émet une fréquence passant par le verbe. Par conséquent, le verbe juste et l'intention juste sont en *évolution partenaire*. L'Amour demeure la clef, mais seulement la clef favorisant l'ouverture de la porte laissant passer la radiation de l'intention et de la parole juste ! On peut parler de chakras jumeaux polarisés sur chacun des deux aspects de la Création.

Donc, vous êtes *tannés* en ce moment par la volonté divine vous invitant à vous ajuster à la fréquence de ces deux chakras. Votre début de compréhension sur l'Amour universel se voit encore une fois déstabilisé afin de se repositionner sur un cercle en relation avec la vie intime de ces deux roues d'énergie.
De ce fait, votre personnalité fluctue et il vous semble retraverser vos vieux démons intérieurs ! En vérité, si ces derniers pointent encore le bout de leur nez, c'est en vue de vous dire au revoir pour de vrai. Regardez donc comment cette humanité traverse ses crises de conscience. Il vous semble la voir de nouveau au centre de ses anciens schémas ; malgré tout, elle évolue également. Observez-la, vous comprendrez un peu mieux ses mécanismes. Pourtant, nous vous demandons de ne pas vous égarer dans des considérations pouvant se révéler erronées.

Lorsque ces deux nouveaux chakras s'uniront, un rayon de cristal partira se lover au bas de la colonne vertébrale et un autre s'enroulera autour de la tête, formant le cobra de cristal. Dans la base de votre colonne vertébrale, la kundalini, serpent de Feu, accueillera l'adombrement du Feu Cristal, étape importante dans l'installation des lois interactives de la vie cristalline et universelle de votre identité divine. La vie de la kundalini sera Une à partir de ce moment-là, mais je ne fais pas son étude dans ce chapitre.
Le rayon cristal couronnant la tête vitalise le coronal. Ceci effectué, la tête du cobra s'avancera alors d'une quinzaine de centimètres en avant du front, son regard scrutant la vie extérieure. Dès l'instant où le cobra de cristal est en place, le Verbe reçoit sa force d'intervention. Elle est immédiate. Aussi, le cobra de cristal donne la vie ou peut tuer aussi sûrement !
Voilà pourquoi vous êtes travaillés sous bien des aspects afin de maîtriser sur les trois premiers niveaux, votre

intention, votre compréhension des lois universelles, votre volonté, votre amour inconditionnel et votre vision de vous-même installé au centre de toutes ces forces universelles.
Avant son apparition, nous ne pouvons pas vous permettre de garder une seule miette d'attitude de victime, d'intolérance, de besoin de vengeance, d'extrême indépendance, de volonté égotique inférieure et de non compréhension des forces vous traversant.
Comme il se trouve des êtres dans ce système solaire prêts à extérioriser le cobra de cristal, tous les membres de la famille systémique, constituée par toutes les bulles d'humanités disséminées sur l'une ou l'autre des planètes, se retrouvent dans la nécessité de s'ajuster sur une ouverture fantastique de la conscience évoluant dans ce système.
Vous vous retrouvez plongés dans une initiation de haute envergure au sein d'une initiation majeure de cet Univers. Urantia n'a guère de choix, sauf celui de s'aligner sur tous ces paramètres et à cause de ceux-ci ! Je suis ainsi dans la nécessité de vous parler d'une réalité très élevée, gardée secrète jalousement par une poignée d'initiés.
Aussi, les plutoniens, parvenant à ce stade d'élévation, plongent tout ce système solaire dans une étude rarissime, mais nous sommes habitués aux extravagances et aux particularités si nombreuses de ce système solaire, toujours en dehors des voies d'évolution normales des secteurs universels !
Les plutoniens ont appelé les Maîtres Aulmacs à se présenter afin d'accompagner le mouvement d'émergence de la conscience du cobra de cristal.

Mes enfants, vous n'êtes pas prêts à vous présenter à la porte de cette conscience. Cependant, la loi de résonance et d'appartenance à ce système solaire vous met dans

l'obligation d'entamer une page d'études sur la vie du squelette cristallin et de ses lois interactives.
Ne vous étonnez donc pas de voir fleurir des études sur la géométrie sacrée en cette période riche et innovante. Certes, la réalité parallèle du corps physique risque encore de rencontrer une attitude sceptique et peut-être même plus ! À vous de vous élever et de vous installer dans l'ouverture présente.
Quelle aventure fabuleuse vous vivez en ces temps exceptionnels ! De l'antiquité conceptuelle, vous passez dans la vie réelle du concept. Alors, en ces années décisives, vous fermerez de nombreuses portes intimes et en ouvrirez bien plus. Adieu l'illusion chère au cœur de cette humanité. Bonjour la vérité sacrée de la Vie universelle ! Bond quantique garanti ! Expansion exponentielle certifiée et abandon des repères de société pour vivre selon les modèles d'expressions harmoniques des fraternités installées dans la loi universelle de créativité respectueuse !

Oui, il y aura des jours de fatigue, d'incertitude et de ras le bol généralisé. Dans de pareils moments, on vous montre une porte qui souhaite se fermer en vous-même. Ce jour-là, dite oui tout simplement et ne cherchez pas laquelle. Demandez l'harmonie possible à installer dans l'instant et soyez assurés que cela se positionne. Naturellement, il y aura encore des oui et des non à prononcer. Cela fait partie de l'émergence des points d'ancrage du cobra de cristal.
De nombreuses portes s'ouvrant correspondent à l'influence des énergies nouvelles occasionnant une ré-articulation favorable à la pénétration de ces sources de nourriture. La conscience collective de cette humanité quitte la porte de pénétration liée au deuxième champ d'énergie harmonique afin de glisser dans le troisième.
Au niveau individuel, des êtres, toujours plus nombreux, se positionnent pour le passage des champs harmoniques de la

troisième dimension à la quatrième. Ce décalage interpelle l'esprit commun de cette humanité et suscite des désagréments d'intention engendrant une friction bienvenue au fleurissement d'une volonté de s'élever à l'intérieur de soi.
Au passage d'une porte, la fluidité nouvelle se cogne sur la rigidité des portes anciennes. Un décalage énergétique se crée et occasionne des troubles momentanés. Toutefois, à ce carrefour d'élévation, il devient nécessaire de ne pas donner de poids aux troubles et de s'ancrer dans la nouvelle fluidité. Dans cette instabilité, une force d'intention se développe. Elle est vitale à l'évolution globale de cette humanité.
Le contrôle du processus irait à l'encontre de l'effet attendu et désiré. Aussi, la sagesse la plus appropriée demeure de rester indulgent envers vous-même et de sourire de vos fluctuations présentes.

Comme la réalité du cobra de cristal parvient jusqu'ici, Urantia est secouée dans sa vie intérieure. La fusion harmonique des rayons de lumière provenant de la diversité des cristaux physiques construisant son corps de chair s'agence autrement. Actuellement, vous êtes sollicités pour réorganiser votre grille magnétique humaine. Les cristaux physiques d'Urantia modifient leur propre grille de lumière.
Les champs d'influence bougent énormément en ce moment et votre plexus solaire participe activement à ce changement spectaculaire. Il est normal de voir votre personnalité s'articuler autrement.
Cette humanité n'est pas prête à laisser émerger un groupe se profilant pour recevoir le cobra de cristal. Malgré tout, elle se propulse en vue de recueillir les informations sur ce bond quantique important.

Alors, bon voyage dans ce qui vient.

8

La joie, moteur du moment présent

Un temps de joie vous est proposé, la joie de vivre pleinement et consciemment la transformation intérieure.

La joie demeure le moteur le plus efficace pour traverser les effluves mentales actuelles. Sans retrouver cette joie, vous éprouverez bien des difficultés à garder la tête en dehors des marécages qui se révéleront. Nous espérons revoir fleurir ce moteur de Vie en vous, ce qui générera une aisance à se mouvoir dans toutes les situations rencontrées.

Nous aimerions vous instruire un peu plus sur les groupes formant votre bulle de Vie dénommée humanité.
À l'issue d'une réunion extraplanétaire, les Sages présents décidèrent d'épauler les Maîtres généticiens pour ré-axer les canaux de communication détériorés partiellement ou totalement chez les êtres incarnés. Il faut dire que cette situation engendre des phénomènes égotiques d'une telle ampleur que cela devient un sujet de grande inquiétude.
Une stratégie d'intervention se mit donc en place. En premier lieu, tous les êtres évoluant au sein d'une géométrie détériorée sont regroupés, dirigés vers une planète à identité de laboratoire. En cet endroit, les expériences en cours fournissent des informations précieuses aux Maîtres des Univers. Ces données cherchent à élaborer une cartographie d'expressions nouvelles qui seront éventuellement expérimentées par d'autres esprits nés en vue de répondre à cette reconnaissance à venir.

Les résidents de ce type de planète oeuvrent en suivant les demandes des hautes Instances universelles. Aussi, ont-ils accepté sciemment la présence d'êtres en défaillance de leur système électronique interne, car il s'agit bien de circuits électroniques dans ce cas.

Ainsi, le vaisseau urantien accueille ces nouveaux venus. La dégénérescence de ces circuits se révéla plus avancée que prévue et les premières tentatives de réajustement n'offrirent pas d'évolution dans le sens attendu. Bien au contraire, les derniers arrivés polluèrent les résidents ! Un marasme général s'installa et une nouvelle réunion s'imposa. À l'issue de celle-ci, une décision se prit pour isoler totalement cette Terre des autres sphères voisines et empêcher les influences nocives de parvenir jusqu'à elles.

Une deuxième période s'ouvre alors et voit des êtres bien installés dans leur lumière se proposer à instruire ces résidents sur leur potentiel interne. Progressivement, émerge la décision de programmer des études dites initiales. Urantia reçoit les Maîtres et l'histoire de ses enfants recommence au point de départ. Doucement, les premiers tests arrivent. Il faut mesurer les progrès ; les résultats s'avèrent décevants. Dès cet instant, les Maîtres y envoient leurs élèves ayant déjà intégré une bonne partie de leur enseignement.

À partir de ce moment-là, nous distinguons trois groupes d'esprits. Cela engendre les premières grandes frictions au sein de l'esprit communautaire. L'humanité résidente se scinde en plusieurs groupuscules et une ère de violence débute, amenant la troisième réunion extraplanétaire.

Les scientifiques, les généticiens, les mathématiciens se voient confier la tâche de surveiller régulièrement ce secteur et de faire des relevés chimiques sur l'état harmonique de la planète. Il y aura quelques contacts avec les résidents et la légende *des dieux* naît ! Voilà l'apparition des premiers germes de religions !

Celles-ci se développent tellement rapidement qu'il faut endiguer cette nouvelle détérioration galopante de l'esprit. Un groupe se constitue pour rappeler l'unicité entre l'esprit et la matière. Ainsi, les prophètes rendent-ils visite aux urantiens !

Progressivement, de prophète en prophète, d'enseignement en enseignement, d'intervention en intervention, les résidents se souviennent graduellement d'un temps où l'esprit vivait en harmonie avec la Vie. La disparité s'exprime encore au travers de maintes croyances, d'une pluralité de langages, de coutumes, de jugements, de condamnations et d'intolérances. Le point vital de la planète est atteint. Il y a risque d'explosion.

Dès ce moment-là, un plan d'urgence s'installe et sont diligentés des esprits incompatibles avec l'influence des manigances. Cette infusion de l'esprit de lumière remplit son rôle et, un jour, un appel s'élève vers le cœur de l'Univers. Un petit groupe émet la volonté de voir descendre la Lumière universelle sur cette planète.

La loi universelle étant respectée (il y a eu une demande formulée), l'intervention majeure peut s'effectuer. Enfin, le rayonnement d'Urantia s'engage dans un sens souhaité. Un temps de vérification est ouvert et celui-ci renvoie des données satisfaisantes. Les grands Maîtres créateurs y sont envoyés afin de modifier les circuits électroniques.

Ainsi, la grille magnétique de la planète est-elle changée, celle de l'humain est en cours de changement. Maintenant, les enfants des étoiles descendent de façon à renforcer la lumière de cette Terre. Certes, la confusion règne encore dans les esprits. Cependant, les cœurs se réveillent à une fraternité longtemps oubliée. Dans ce théâtre coloré de la vie d'Urantia, l'esprit universel implante un rayon de lumière sortant directement de la Source de Vie.

Malgré la disparité apparente chez vous, une harmonisation se fait et du cœur de la cellule humaine sort une sonorité rétablissant les circuits électroniques. Cette sonorité harmonieuse naissante nous amène à nous incliner devant vous. Vous, en permutation permanente dans vos énergies, vous qui effectuez le changement *dans* et *de* la Vie, vous qui recommencez à vous faire confiance.
Nous vous invitons à créer un espace dans votre mental, dans votre cœur, dans votre corps et dans vos lumières pour notre présence. De par notre proximité nouvelle, vous pourrez mieux écouter les lois universelles et respecter tout être vivant.
De manière à rééquilibrer l'harmonie intime, nous vous rappelons de demeurer à l'écoute de vos messages intérieurs. Dans les méandres des réajustements internes de tous, chacun cherchera à avoir provisoirement raison sur l'autre. Aussi, nous vous demandons de respecter chaque être sans nécessairement approuver son mode de raisonnement. Actuellement, tout être a besoin d'aller au bout de ses expériences, justes ou erronées, pour revenir dans sa Lumière de Vie personnelle.
Il est vrai que vous vous êtes égarés, perdus dans les idées inadéquates de cette humanité. Maintenant, et de manière progressive, vous réintégrez les notions appartenant aux systèmes universels bien installés dans l'émanation de la Loi. Tout le système universel est entré en initiation pour une ouverture de conscience et d'élévation. Vous entrez donc dans ce mode de pensée universelle où les lois sont comprises, admises et extériorisées.

Dans l'immédiat, vous entendrez parler de fraternité, ne comprenant pas forcément la profondeur de ce message, car il portera plusieurs niveaux de compréhension. Ainsi, dans votre quotidien, tout ce qui n'appartient pas à la notion

élevée de fraternité sera montré du doigt. La loi liée à cette notion déplie ses ailes de lumière.
Les efforts représentent la première marche à monter afin de reconnaître toutes les formes d'illusions. Celles-là même qui vous empêchent d'être dans la radiance de votre cœur et assis dans l'énergie de cette fraternité. Vous allez vous ouvrir à elle et fermer progressivement les portes de résonance vous éloignant de votre centre, de votre énergie et de votre but. En même temps, vous apprendrez à donner en identifiant le pourquoi, le comment et dans quelle intention. Pour cela, vous délogerez toutes les idées préconçues et entretenues depuis si longtemps.
Doucement, votre reconnaîtrez le visage du don. Ce dernier vous amènera à dire non, à ne plus donner n'importe comment et vous apprendra à préserver votre lumière, vos énergies. Aussi, vous identifierez tout ce qui dessert la fraternité et serez donc sollicités pour déloger en vous tout ce qui n'est pas en rapport avec cet état.
Oui, vous réapprendrez à donner même en ayant les mains vides, en ne sachant pas toujours comment faire. Il suffit souvent de s'assoir, d'envoyer de la lumière, de prendre l'autre dans ses bras et de le laisser pleurer, d'offrir du temps afin de l'écouter et le voir se vider d'une ancienne mémoire. La fraternité, c'est aussi créer un espace de temps (pas toujours dans le sens où on le pense) pour accueillir la lumière qui vient d'en haut ou d'en bas et faire le plein de cette énergie afin de la transmettre ensuite.
Dans la fraternité, il y a des groupes qui sont en avant, au milieu ou en arrière de la scène. À quel groupe appartenez-vous ? Cela n'a pas trop d'importance, contentez-vous d'être à votre place, de mettre votre main dans la lumière et de déblayer la notion même de *lumière*.
En effet, la lumière peut être trompeuse autant que l'ombre peut être porteuse de lumière. Rien ne demeure certain puisque vous êtes sur le chemin de la dualité. En vous

regardant agir et penser, vous en êtes encore à vous exprimer dans la dualité à longueur de journée. En vérité, elle est le moteur principal de cette humanité égarée dans des méandres mentaux et affectifs.
Jusqu'ici, vous avez surtout observé la dualité liée à l'ombre. Désormais, vous êtes invités à vous pencher sur la dualité liée à la lumière. Votre quotidien est immergé à 95% dans la dualité. Ceci vous amène à reconquérir 95% de votre expression, dans le silence et la paix !
Oui, la fraternité se rencontre dans la puissance du silence et de la paix.
Vous glisserez doucement dans le moteur de la tolérance et vous reconnaîtrez ainsi le chemin sur lequel se situe le voisin ou l'autre se trouvant en difficulté, pour pouvoir s'entendre dire un jour les mots simples comme lumière de Vie, amour, fraternité. N'oubliez pas que, dans un premier temps, cet être peut s'enfuir en entendant ces mots. Aussi, sachez voiler vos intentions au début et, parfois aussi, votre lumière afin de mesurer le quota lumineux possible à offrir.

Mes chers enfants, vous éprouvez encore le besoin, particulièrement en ce moment, d'entendre les mots *lumière*, *fraternité*, *spiritualité* pour vous départager. Cependant, pour nous, il n'y a que La Vie.
Nous vous invitons à éviter progressivement ce langage, dont vous êtes tant friands, durant l'agonie du type de société dans laquelle vous vivez.
La plupart du temps, vous jouez un jeu n'étant pas celui de la Vie et, souvent même, le contraire. L'illusion demeure régulièrement votre maison préférée. Nous sommes tolérants ; à vous de nous rejoindre dans cet état intérieur et cela sans jugement envers autrui. Aussi, nous vous offrons notre amour et notre tolérance pour vous accompagner dans la reconnaissance de toutes les formes d'illusions vous

menant en dehors du chemin de la Vie. Pourquoi ne pas essayer le nôtre ?
Plus cette humanité s'axera sur notre mode de fonctionnement et plus elle s'expansera dans son identité divine recontactée. Elle vit la fin d'un règne agonisant, en phase terminale. Comme nous venons avec des ouvertures, cela entraîne un décalage. Aussi, regardez ces portes de manifestations, d'attitudes qui vous desservent, ne vous permettant pas de toucher la résonance de la qualité universelle.
En vérité, votre but consiste à chercher l'élément manquant pour entrer dans ce tremplin mis à votre disposition, à prendre conscience du diaporama complet sur les inter-réactions induites par l'une ou l'autre de vos attitudes, de vos formes-pensées et de vous détacher de tous ces réservoirs d'énergie.
Actuellement, vous récurez les fins de cuves de cette humanité ; vous en êtes à la lie. L'odeur de sainteté viendra de votre cœur, en attendant : .... nausées, fatigues et odeurs nauséabondes seront le lot de votre quotidien si vous ne prenez pas de la hauteur dans vos pensées !
Au moment où vous êtes invités à effectuer ce grand nettoyage, vous commencez à étudier la Personnalité cristalline et ses familles d'êtres subtils. Je vais m'attacher ici à l'une d'elles.

La Personnalité cristalline incarne sa subtilité dans le monde des Fleurs.
Aussi, en s'asseyant auprès d'une fleur parfumée, cela vous permet de recevoir la caresse de la Personnalité cristalline glissant dans votre profondeur et n'engendrant ni de mots ni de maux.
La fleur est issue d'un mariage subtil du Père/Mère du Souffle divin connu sous le nom de Maître Cristal. La fleur est le visage caché du Souffle divin ! Elle porte en son sein

la géométrie sacrée. Elle apaise votre propre personnalité, la réharmonise et dépose son parfum en spirale autour de vous. La fleur n'a pas besoin de grande manifestation ni de prouver quoi que ce soit. Elle est présente pour vous inviter à trouver la porte du cœur et à y entrer. D'ailleurs, rien ni personne n'a à prouver quoi que ce soit !
Seul le mental vous pousse à vouloir faire de *grandes choses* dans cette humanité. Ainsi, les trois quarts de votre vie ne sont pas alignés sur la qualité de la fraternité.

Voici pourquoi des changements auront bien lieu dans votre regard. Il rentre dans la conscience universelle et votre connaissance sur la vie dans les cieux bouge par conséquence. Je vous invite en ces instants à reconsidérer votre regard posé sur la Vie, sur la manière d'habiter votre corps ; réapprenez à dialoguer avec votre cœur, à vous incarner dans ce temple de chair, car vous y avez installé la plus belle dualité rencontrée dans tous les univers !
Vous cherchez *la lumière*, *l'esprit* ; toutefois, vous rejetez la manifestation de ce corps et ceci représente la plus grossière gangrène de cette société. En l'incarnant, vous obligez votre corps à se rappeler à vous afin de manifester un jour le lâcher prise. Vous ne savez où chercher la porte menant à la vie intime et secrète de votre cœur ; ne vous affolez pas, elle est déjà ouverte, prête à vous recevoir.

Il est vrai que jusqu'à présent, vous êtes plutôt restés assis, sans bouger, à vous taire, à cacher toute lumière, avec la vôtre, au nom d'une tolérance non comprise, frappant de porte en porte, sauf à la bonne. Celle de votre corps de chair où tous les dons sont entreposés, dedans et autour dans votre œuf aurique.
La dualité entre l'esprit, le cœur et le corps se vit au sein de l'œuf aurique. Il n'y aura jamais de manuel pour vous guider. Cependant, vous recevrez les invitations à franchir

les marches de votre escalier de lumière vous menant vers les plus belles ascensions de votre identité divine.
La plus belle fraternité à vivre se rencontre ici et maintenant. Elle se situe dans le corps avec l'esprit et la lumière de l'œuf aurique, tout cela immergé dans la radiance du cœur.
Vous vous perdrez peut-être encore avant de trouver la juste attitude, ceci sera de courte durée. Il est vrai que vous avez largement écouté les paroles extérieures vous éloignant de votre centre et de vos pouvoirs. Vous vivez encore un mode de *mal bouffe,* pour reprendre votre langage : un mot qui vous choque, je l'espère. Vous vous situez encore dans une période où vous ne vivez pas vraiment, où rire, rêver, penser devient suspect, avec tout le reste …
Actuellement, votre façon de vivre ressemble étrangement à une mort à petit feu. Vous êtes entourés de trop de bruits, de sollicitations qui dévorent le peu de feu intérieur qui vous reste. C'est le bon moment pour regoûter au pouvoir du silence, de la symphonie de la Nature, de votre corps et de prendre du temps afin de vous poser les questions essentielles.
Cette humanité est dans sa phase critique et sa crise vitale. Du lever du soleil à son coucher, fermez la porte du bruit de la dualité entretenue par vous, ne l'oubliez pas.

Permettez-moi de vous poser une question : oseriez-vous demeurés assis à vous regarder, à vous sourire sans rien exiger de vous-même en laissant passer l'amour dans votre cœur ?
Lorsque vous installerez le sourire dans votre vie du matin au soir et du soir au matin, vous franchirez la porte de la fraternité. Lorsque vous retrouverez le rire en public pour la joie de rire, de chanter avec la voix du cœur, vous aurez fait un grand pas décisif en retrouvant les qualités fraternelles

universelles, et en utilisant l'humour, vous serez à nouveau dans la véritable tolérance.
Chanter quand ça ne va pas demande beaucoup d'efforts. Le chant est un espace de détente, de force et d'amour. En ces instants, nous vous disons : reprenez l'usage du verbe, sentez le souffle qui l'habite, redevenez la fleur subtile du Maître Cristal en usant du rire, du sourire, de la joie, de la paix à offrir et donnez le meilleur de vous-même.
Plus vous serez nombreux à utiliser ces moteurs d'expressions supérieures, plus votre humanité entrera en phase finale de guérison.

Dans un premier temps, les fossés se creuseront un peu plus, d'autres barrières se lèveront peut-être. Toutefois, en entretenant le moteur de cette humanité avec le rire, le chant et la joie, ces réactions tomberont d'elles-mêmes. Ne vous y attardez pas et continuez à relancer ces moteurs, ce sont autant de facettes reconstruisant le monde de demain.

Vous pouvez installer ce monde nouveau avec les sept portails qui s'ouvrent :

Sourire - rire - chanter - aimer - partager - donner - ne rien attendre

Ainsi, les portes de la tristesse, du déplaisir, de la lassitude, du rejet, de l'autopunition, de la culpabilité et de la peur se fermeront. Ceci demeure un double travail pour remettre en route les moteurs porteurs de Vie, d'expansion et visiter les lois de l'Amour pour votre guérison.
Progressivement, vous ressentirez de la légèreté et vous vous détournerez des portes de non-communication. Vous offrirez des visages de lumière, les enverrez dans le mental collectif de cette humanité qui a besoin de vos efforts, de votre immersion dans la fraternité afin de dire « Cela est

possible, je peux déposer mes lourdeurs et commencer à aimer ».
Nous chantons d'allégresse chaque fois que l'un d'entre vous retrouve son identité et sa joie de vivre.

Vous êtes la prolongation de nos Êtres et nous tentons de nourrir vos portes intérieures. Dans la simplicité de votre quotidien, vous êtes nos racines, le Verbe manifesté de la Loi qui se réalise avec des mots de tous les jours, sans fioriture comme l'amour, la joie.
Lorsque vous serez sollicités par des personnes, s'il vous plaît, ne parlez pas d'Amour universel, mais évoquez plutôt la douceur, la paix dans l'instant présent où elles peuvent s'asseoir pour rêver et ne rien faire. Nous vous demandons d'utiliser le langage de la Vie, soit de les emmener à sentir le parfum des fleurs, de lever le visage vers le soleil, de respirer l'air, de marcher, d'écouter l'eau, de caresser la terre et de rester enfin immergés dans ces senteurs. Cela demeure la plus haute magie de la Vie, le seul langage à offrir à un être malade et, lorsqu'une petite lumière brillera dans le fond de ses yeux, vous toucherez alors vous-mêmes à la guérison.

Nous sommes penchés sur votre état intérieur et nous vous recommandons de faire amplement usage de la douceur, de la joie, du rire, de vous plonger dans la vie de la Nature, de manger des aliments frais, de regarder la beauté vous entourant, de vous en nourrir et de muser, le nez en l'air, de partager la vie au travers de gestes simples et vous vous plongerez dans la magie de la fraternité et de la tolérance qui se laissera approcher.
Nous vous recommandons de manifester la simplicité, d'incarner l'écoute, le silence, la certitude du choix, représentant les bases élémentaires afin de sentir la

profondeur de l'énergie fraternelle à l'intérieur de votre cœur.
Vous ne savez pas comment la Vie cherchera à vous solliciter pour venir en aide à l'autre. Quant cela arrivera, laissez sortir les mots simples sans rien attendre, ils vous feront vibrer. L'être renaîtra à la lumière et vous permet de naître et de renaître encore. Devenez ces portails de guérison avec les mains nues, devenez ce visage de la beauté.
Nous vous demandons encore de respecter toutes les facettes de votre personnalité. Quand une de ces facettes se présente à vous, dialoguez en épousant le regard de la fraternité.
Vous avez joué un grand nombre de jeux dans vos vies antérieures et cela a laissé beaucoup de cicatrices. Elles remontent pour s'évacuer, fermer leur porte. Il n'y aura pas de plus grand baume que celui que vous allez poser vous-même. Bien sûr, vous découvrirez la teneur de ces blessures, cachées avec tant de finesse, et vous poserez un regard de paix, un regard sacré. Nous serons toujours à vos côtés. Dans ces moments-là, appelez la douceur pour vivre cette magie sans éprouver la souffrance ancienne s'évacuant.
N'oubliez jamais : tout ce vécu antérieur vous a construit. L'heure est à accueillir son identité divine et à la marier à son identité incarnée. Un mariage, ou une fusion, se réalise quand défilent tous les visages et les sensations liés à vos vies antérieures. Chacune d'elle représente une perle sacrée et vous n'avez démérité en aucun cas. Vous êtes nos perles précieuses que nous tenons dans nos mains. Nous déposons, dans chaque perle, une flamme de lumière encodée de fraternité, de tolérance, de joie, de respect, de chant, d'unité. Ceci dessine le nouveau sentier de lumière où la souffrance n'a été programmée en aucun cas.

Nous avons mis devant vous un nouveau chemin de lumière et bien davantage si, enfin, vous déposez le moteur trop longtemps entretenu de la souffrance. Il devient inutile.

Le moteur le plus utile et le plus épanouissant est le moteur de la Joie.

Nous glissons l'amour, la douceur dans vos foyers. Afin d'écouter le message de votre cœur/corps/esprit, de votre œuf aurique, nous vous invitons à marier tous les aspects de votre personnalité dans le moteur le plus adapté pour ce qui vient : ***LA JOIE***.

Le maître mot à reconquérir dans la paix et la simplicité de votre manifestation.

9

La danse d'ISIS

Les voiles d'ISIS se lèvent, dansent dans le mouvement de la Vie, caressant son visage et réchauffant son cœur. Ainsi, la présence d'ISIS devient plus perceptible à tout être.

En vérité, c'est votre propre souffle et votre lumière qui s'amplifient grâce à son don d'elle-même.

Notre enfant bien-aimée, *Marie*, a pris son temps de manière à glisser en douceur dans son rôle de Mère cosmique dans votre zone d'influence. Son ancrage est terminé et commence à irradier la profonde énergie l'animant.
Nous vous avons tenus informés de cette plénitude venant à vous. Aujourd'hui, je peux vous donner des précisions.

Depuis plus de 500 000 ans, exprimer son essence féminine ressemble à une gymnastique soutenue. Depuis 150 000 ans, vous courez après la possibilité de l'exprimer et, depuis 15 000 ans, les voiles de la disgrâce sont tombés sur votre essence féminine.
En vérité, enfants bien-aimés, vous êtes en déséquilibre majeur eu sein de votre identité divine. Certes, nous n'ignorons point cette descente en enfer ou *enferrant* votre rayonnement.
Ainsi, les enseignements et la vérité furent-ils scellés, cachés pour qu'ils demeurent présents malgré tout sans se dévoiler en plein jour. Nous avons maintenu suffisamment une source de Vie afin de continuer à alimenter la profondeur de votre être sans pour autant l'aveugler.

Plonger au cœur de l'insoutenable (l'indifférence, l'abolition du respect, l'apposition du dictat) amène la noirceur des idées à s'imposer comme une vérité.
Donc, depuis 500 000 ans, vous vivez au milieu de la dualité issue des fausses vérités, en côtoyant d'abord sa face la plus obscure. Cela a permis aux visiteurs extrasystémiques (êtres vivant en dehors de ce système solaire) de pouvoir s'introduire dans votre zone résidentielle (Urantia) et d'implanter leurs racines là où l'accueil était favorable. À partir de là, leur radiance a pu s'étaler comme une chape, manteau d'influence à tendance néfaste.

Ces visiteurs sont nos propres enfants au même titre que vous ! Les lois de réajustement les concernent également ; il y a forcément deux pôles d'action dans le plan.
Le premier : sortir nos enfants de l'engluement des sentiments faussés par l'émission volontaire d'une énergie visant à vous propulser dans un état vous éloignant de l'Amour universel.
Le deuxième : ramener à nous ces enfants visiteurs qui sont pratiquement en dehors de toutes les lois universelles en leur faisant toucher l'état d'amour à votre contact.
Nous avons donc une nécessité vitale à honorer : équilibrer la balance cosmique de ce système solaire, section universelle contaminée par les forces contraires à l'Amour.
Votre Terre s'est prêtée à un drôle de jeu. Vous le savez maintenant : une partie de votre humanité résida sur une planète de ce système solaire et l'a soumise à une distorsion mentale telle qu'elle explosa. Ses restes sont dispersés dans ce système solaire, circulant dans l'éther matriciel des autres planètes, et demeurent toujours la racine de cette histoire ancienne, rappel constant d'un vécu en dehors de la loi universelle.
Les fraternités vivant sur les autres planètes sont aptes à annuler la magnétique de cette influence. Il reste Urantia !

Votre humanité, parcelle de l'humanité systémique, a ses portes grandes ouvertes et est dans l'impossibilité temporaire de les fermer.

Chers urantiens, vous êtes *des passoires énergétiques* et des proies faciles pour tout ce qui passe autour de vous. Ce fut un tour de force réalisé par des êtres en recherche d'eux-mêmes et empruntant une impasse énergétique. La force les animant est basée sur une vision étriquée et un besoin d'asservir la Vie. Afin de vous les imposer, ils se sont appuyés sur des réalisations en cours :

- dispersion de la vision commune de l'humanité résidentielle
- portes intérieures affaiblies
- pouvoir créateur en voie de disparition
- présence physique d'une planète éclatée en une infinitude de morceaux
- traumatisme mental dû à l'échec enregistré dans la mémoire individuelle en rapport avec cet événement.

En vérité, vous leur avez offert des bases d'appui idéales, les meilleures conditions possibles. Aujourd'hui, nos approches sont conditionnées par les mêmes réalités amplifiées par leur venue. Graduellement, nos enfants de lumière bien implantés dans les lois de manifestation divine descendent dans votre humanité afin de vous inciter à renouer vos énergies avec celles de la réalité universelle.
Les avatars, les grands maîtres ascensionnés de votre passé furent déjà une réponse de notre part visant à tisser des liens avec la pensée de la grande Fraternité ; première base essentielle nécessaire à d'autres interventions. Ces enfants chéris ont mis en place des écoles de pensée et ont révélé doucement la lumière de la Source, autre étape importante cherchant à solidifier les premiers liens. Puis des cercles

d'initiés furent mis en œuvre, nécessaires dans la période de grands troubles comportementaux.

Nous vous avons accordé une dispensation de temps pour consolider ce début d'œuvre alchimique interne dit *la pierre d'accueil*. Au cours de ce temps, des enfants en recherche d'une terre où ils pourraient y élire domicile, trouvèrent Urantia facile d'approche. En peu d'année, ils sapèrent le moral des urantiens et vous entrèrent en guerre et en conquête de tout genre. Triste temps en réalité.
Nos premiers efforts de rétablir la balance cosmique furent bousculés profondément. Alors, nous avons décidé d'étendre notre propre robe de lumière et d'influence jusqu'à vous en entourant Urantia et de changer le tissu énergétique de sa grille magnétique. La première phase se fit autour de la Terre *(Service magnétique)* et nous en sommes à la deuxième : en vous.
Progressivement, vos portes grandes ouvertes, passoires énergétiques, retrouvent le mouvement. Notre action se porte actuellement sur le tissu émotionnel.

Le changement de votre propre grille magnétique s'effectue en plusieurs étapes.
La première touche la magnétique de vos particules. Pour cela, nous avons vidé la mémoire de votre cristal de terre et lui avons donné de nouvelles références afin de s'aligner sur la résonance du cristal de terre des Sages de ce système solaire, émise par leur vision élevée.
Dans votre intimité, cette vision systémique émerge progressivement, repolarisant votre propre vision de vous-mêmes au sein de la Vie universelle, d'où les vagues à l'âme rencontrés dernièrement. Nous parvenons au tissu émotionnel.

La présence de ma robe de lumière autour d'Urantia permet à Marie/Isis de fusionner avec mon énergie de Mère primordiale. Cette fusion en cours rejaillit en vous et dans votre bande de mémoire émotionnelle qui s'agite en laissant partir le trop plein d'informations défigurées par une vision extérieure. Mon propre tissu émotionnel glisse en vous grâce à la fusion des énergies de Marie devenue Isis (et Mère cosmique d'Urantia), et des miennes. Ce travail d'infusion de la vision de la Mère primordiale en vous s'effectue et nous permet de jouer sur votre structure mentale où se dépose la vision de la pensée de la Mère primordiale.
Nous agissons sur l'ancrage de la repolarisation du pôle féminin en chacun. Une sorte de rééducation de l'âme/esprit/corps. En même temps, il s'agit d'un grand nettoyage de votre mémoire cellulaire, œuvre alchimique se terminant en 2012. Une période d'interrogation s'ouvre ; comment allez-vous réagir, agir ou non agir ?

L'année 2013 représente surtout la trame nouvelle où votre vision mentale/émotionnelle pourra emprunter un chemin neuf et exprimer une fraternité différente se rapprochant de la nôtre. Certes, rien n'est gagné d'avance et je vous le dis : le premier janvier 2013, un paradis ne descendra pas sur cette Terre !
Vous aurez la possibilité de commencer à exprimer un regard-sentiment-pensée apaisé, intégrant la vision du cœur de la Vie. Allez-vous saisir cette opportunité en vous mettant en chemin dès maintenant ? Afin de le pouvoir, la trame énergétique de ce jour présent à celui-là sera remplie de tout ce qui sortira de votre grille magnétique. Les tracas sont donc pour maintenant.
Ainsi, j'œuvre personnellement à la repolarisation de votre grille magnétique en fusionnant les énergies de Marie/Isis avec les miennes.

Ce faisant, Isis va étendre son manteau d'influence et nourrir la vision émotionnelle/mentale en jouant avec une rectitude d'expression. Au fur et à mesure de son expansion, le champ d'action des enfants visiteurs se réduit en les invitant à s'immerger dans la radionique du champ d'Amour universel ou à quitter Urantia.
Pourtant, au sein même de votre humanité, certains de vos frères et sœurs incarnent en profondeur la noirceur des intentions dans un but précis maintenu sans défaillance et sans sentimentalisme. En vérité, bien qu'éloignés de la fraternité universelle, ils sont en train de reconnaître tous les aspects scientifiques du pouvoir de création et de manifestation. Là encore, ce sont nos enfants au même titre que vous. Il n'est pas question de les rejeter. Par contre, nous les rappelons à l'ordre.

Permettez-moi de vous expliquer comment nous allons procéder pour ramener tous nos enfants dans la Lumière universelle.
Marie/Isis et Moi sommes en pleine fusion.
Cela se passe en plusieurs étapes. Marie a incarné la volonté de servir la Vie et de s'offrir à la Féminité. Au cours de cette dernière incarnation, son esprit, son âme et son corps ont œuvré conjointement pour réaliser la vision de son but élevé. Cela lui a permis d'ascensionner et de laisser son empreinte énergétique dans la mémoire de cette humanité.
Parvenue auprès de la fraternité ascensionnée, un temps de repos lui fut accordé. Puis elle a repris son service en guidant et aidant les enfants. Le respect commençant à émerger chez les parents envers les enfants, provient de sa volonté. Nous lui attribuons ce mérite. Depuis peu, elle incarne le poste d'Isis et, en tant qu'Isis (référence énergétique de la Mère cosmique), cet esprit chéri fusionne son impact énergétique dans la mémoire collective. Cette

étape finie, l'humanité pourra à son tour se glisser dans l'énergie d'Isis.

Ceci me permet aujourd'hui d'infuser une somme d'informations énergie/lumière nécessaire à l'étape suivante. Isis commence à se dévoiler ; ses mystères se lèvent et vous pourrez tous vous immerger dans la science et la connaissance de l'énergie féminine de création. Isis devient votre mère protectrice. Sa volonté sans faille vous mènera avec fermeté à la rencontre du mystère féminin reposant au cœur de vos cellules. Ne vous étonnez pas en ce moment d'éprouver des difficultés relationnelles avec votre principe féminin.

Tout naturellement, les couples ne partagent plus leurs émotions de la même manière et, par voie de conséquence, le partage intime sexuel s'en voit perturbé. Dans ce dérangement, les questions se soulèvent et appellent une réponse de la part du mouvement de Vie. Isis danse dans vos énergies afin de vous restituer le mouvement intérieur à votre être.

Son souffle va apaiser vos souffrances, rendant grâce à la Vie vous animant. Le Souffle d'Isis est un baume puissant, agissant au cœur même de vos géométries sacrées .Ce souffle est un jet d'énergie provenant du cristal de son plexus solaire, mariant l'identité terrestre et l'identité céleste. Ce rayon se connecte à la pointe supérieure du cristal de votre plexus solaire. Cela vous stimule afin de marier votre identité terrestre à votre identité céleste.

Cette lumière, ce souffle, permet à vos émotions de retrouver un mouvement naturel et de ne plus en être défigurés. Certes, le temps sera votre atout dans cet acte marial. Ensuite, la lumière de son cœur, unissant son battement à celui de son thymus, touchera votre cœur et votre thymus, vous propulsant dans une onde mariale puissante.

Écoutez donc le message profond d'Isis, gage d'un passage réussi de la profonde noirceur de l'être vers la plus belle radiance d'amour de l'identité cosmique.

Marie a réussi son contrat sacré. Isis déploie les ailes de cette réussite en ouvrant le contrat universel d'Urantia. Il y a une continuité dans son action et dans sa volonté.
Je glisse dans cette trajectoire ; à mon tour, je viens danser dans vos lumières et les faire chanter. Votre cristal va rayonner l'expansion, se dévoilant doucement.
Alors, enfants bien-aimés, vous bougerez dans mes énergies et dans celles d'Isis/Marie.

Note intermédiaire

Nous vous avions promis de vous transmettre dans un livre la force sous-jacente développée dans les conférences.

Leurs énergies sont toujours d'actualité.

Afin de profiter de la force de transformation et de fraternité de ces rencontres, je vous invite à vous connecter à l'identité développée lors de chaque conférence. Ces énergies descendront aussitôt.

Les informations partagées[1] *lors de ces conférences s'adressaient à toute la période actuelle, connaissant le moment où vous prendriez possession de celles-ci. Ainsi, toutes les énergies de ces échanges sont-elles actives et le resteront jusqu'à l'année 2015 environ.*

Les impacts particuliers agissent depuis le moment où j'ai envoyé l'information. Ainsi, vous pouvez comprendre certains aspects de vos frictions actuelles et construire un visage de l'élément vous visitant.

En règle générale, les impacts de toutes les informations données dans mes livres, mes cercles de parole et mes conférences sont de longue durée.

Il est préférable de ne lire qu'une seule conférence à la fois. Le quota énergétique contenu a besoin d'un espace/temps pour se poser dans vos lumières. Vous en retirerez un bénéfice plus grand.

Soria

---

1 *Avis du co-auteure : Même les dates transmises, semblant aujourd'hui passées, ont inauguré des mouvements toujours en cours et dont les répercussions nous concernent tous.*

Deuxième partie

1

Visite de la Paix

Vous êtes tous mes enfants, mes filles, mes fils et, comme une mère, je vous accueille.
Je vous reconnais, car jc sais à quel moment vous avez pris vie, quelle identité vous portez et quelle spécificité nous avons déposée à l'intérieur de votre corps, de votre âme et de votre esprit.

En ce moment, la paix intérieure est cernée de toute part. Nous ne parlerons pas de l'extérieur. Je crois que vous avez des médias qui se chargent de vous nourrir d'images, de sons et d'impressions. Nous allons leur laisser faire ce travail ; abordons la paix intérieure.
Depuis la révolution solaire 2002, je ne vous entretiens que des différentes facettes de la Paix.
Qu'est-ce que la Paix ? La Paix est un état d'être, une manière de se présenter à la Vie. C'est aussi avoir le courage de s'asseoir dans son identité, oser dire JE SUIS. La Paix, c'est cela.
Quand vous vivez des situations déstabilisantes à l'intérieur de vous, rappelez-vous : vous n'êtes pas installés dans votre JE SUIS. Vous n'émettez pas la lumière de votre JE SUIS. Forcément, vous êtes devenus perméables à des énergies extérieures qui vous déstabilisent, vous permettent de recevoir un impact. Ainsi, elles rappellent à chacun *"QUI ES-TU ? Parce que si tu sais qui tu es, je peux venir te visiter, tu ne bougeras pas. Le vent peut souffler en tornade, en tempête, tu ne vacilleras pas, les flots peuvent se gonfler, tu ne bougeras pas, le feu viendra te lécher les*

pieds, tu ne les retireras pas. Et la terre peut trembler en dessous de toi, tu ne fuiras pas".
Mais regardez comme vous courez dès l'instant où l'on vous annonce quelque chose. Vous n'êtes pas stables dans votre personnalité. Alors, la Paix ne peut pas descendre en vous. Dès que l'on vous fait part d'une perturbation dans vos mouvements sociaux, regardez comme vous paniquez ! Est-ce que vous faites confiance en qui vous êtes ? Non ! *Il y a des perturbations, alors je vais être perturbé* ; et donc, vous l'êtes !
Puisque la Paix n'a pas été invitée, vous vivrez les troubles. Quand vos médias font ce genre d'allusion "Cette personne pense de cette manière, va agir de cette façon", que faites-vous ? Vous y apportez du crédit, vous vous dites : "Il ne peut y avoir de fumée sans feu". Ainsi, vous devenez le feu puisque vous avez accepté qu‘il y ait de la fumée quelque part. Vous serez le brasier, celui qui créera justement encore des perturbations. Et comme vous avez accepté de la fumée quelque part, la Paix s'est envolée.
La Paix, c'est cela. Un état d'être permanent installé dans la foi en la Lumière de Vie, ou tout simplement dans la Lumière, main dans la main.

J'ai invité quelqu'un et lui ai dit : «Assieds-toi en silence et rayonne la lumière». Puis il m'a écrit, je lui ai répondu : «Mets ta main dans ma main». Il ne l'a pas fait, ne m'a pas écoutée. Alors, il est parti en croisade. Mais comme il est en croisade, il a fait appel au Feu et le Feu vient vers lui. Le Feu prendra le visage que lui-même dessinera.

La vie n'est pas facile aujourd'hui. Savez-vous pourquoi ? Parce que la Mère cosmique s'est installée. Elle s'est installée sur son trône et commence à reprendre le pouvoir, et donc, sur cette planète également. Cela va bien au-delà de reprendre le pouvoir, c'est agir. Et *agir*, c'est envoyer de

l'Amour et de la Paix. Quand le rayon d'Amour et le rayon de Paix se dirigent à un endroit bien précis et qu'ils rencontrent une énergie qui n'y est absolument pas ancrée, il y a confrontation. Oh, ce ne sont pas les rayons de lumière qui engendreront un conflit, mais c'est cette énergie mal qualifiée qui s'agitera et qui créera quelque chose, étant déjà conflictuelle. Forcément, c'est un conflit qui naîtra. C'est bien à cela que vous assistez actuellement sur cette planète. Des énergies conflictuelles qui se croisent, se parlent, remplies d'ego, de besoin de pouvoir. Mais de ce que vous voyez à l'extérieur, dites-vous bien qu'il y en a une partie à l'intérieur de vous. Selon les personnes, ce sera moindre, plus important pour d'autres. De toute manière, puisque vous n'êtes pas en paix et que la Mère cosmique envoie la Paix, vous allez entrer en guerre ! En guerre contre quoi ? En guerre contre la Paix, c'est un comble ! Je ne vous le fais pas dire ! C'est pourtant comme ça ; c'est votre loi, votre manifestation.
Quand les énergies cosmiques viendront vous visiter (parce que vous le serez tous, par une énergie qui prendra un visage ou un autre, mais elle viendra), si vous sentez que ça bouge intérieurement et que vous engendrez des réactions déplaisantes, ayez le courage de vous asseoir, de regarder ce qui se passe en vous. Ayez le courage de dire : «Oh la la ! Il n'y a pas de paix, que du désordre !» Regardez ! Acceptez ! Puis aussitôt, rappelez-vous que vous êtes un être de lumière et que vous pouvez choisir d'entrer en conflit ou de vous installer dans votre lumière. Là réside la différence.

La Paix descend sur cette sphère de Vie. Mais la Paix est une lumière, et celle-ci englobera le TOUT de cette planète. Faisant partie du Tout, vous allez rencontrer des énergies de paix. Je viens vous dire que lorsque vous recevrez ces énergies, peut-être n'ouvrirez vous pas tant en grand les

bras, car la balance cosmique en vous cherchera aussitôt à se rétablir.
Comme vous n'avez pas compris ce qu'est l'énergie masculine, vous devrez regarder ce que vous avez fait de votre énergie féminine. Vous n'aviez pas de grandes facilités à maîtriser l'énergie masculine, mais vous serez invités à regarder et à vous débrouiller avec ces deux énergies : masculine et féminine. Cela ne sera pas facile. Et d'autant plus si vous restez seuls dans votre coin.
Nous vous avons répété que vous étiez entourés et que nous étions prêts à répondre à vos besoins. Mais pour cela, il faut un appel. Aussi, je vais vous préciser ceci : je ne viendrai pas moi, personnellement, porte-parole de l'énergie SORIA. Il y a un collectif avec plusieurs milliers d'êtres qui vont répondre. Comme ils ne sont tout de même pas suffisants pour aider autant de milliards d'hommes et de femmes sur cette Terre, des légions d'anges ont pris place. Des êtres de la Nature, encore libres, viennent aussi nous aider. Le Peuple animal a également répondu, comme le Peuple végétal puis, il y a des êtres des étoiles, déjà bien installés dans leur maîtrise, qui se positionnent dans l'aura de cette planète pour aider chacun à devenir un être bien ancré dans la Terre et la tête dans le Ciel.

Personnellement, je m'attache à déposer un enseignement de Paix autour de vous et de cette planète.
Je travaille beaucoup dans le silence puisque cette matrice offre un paysage vierge. Je vous invite d'ailleurs à créer des instants où le silence viendra vous nourrir. Il n'est point nécessaire de partir dans des pensées utopiques, mais de vous accorder simplement cinq minutes dans un fauteuil sans télévision, sans musique et sans penser, juste en silence. Dans ce silence, vous me recevrez, c'est là où je travaille.

Bien sûr, il existe les livres, les conférences et les ateliers. Mais j'oeuvre beaucoup dans votre silence intérieur et, là, il n'y a pas d'intermédiaire si vous acceptez de m'y rejoindre. Dans le silence, vous découvrirez aussi le vrai visage de la Vie et combien votre être est entouré de sons discordants. Offrez-vous des instants de silence ; il ne sera pas *vide* mais tellement habité.

Cette planète a un grand destin. Il lui a été offert dès sa conception. Ceci dépasse votre volonté puisque vous n'étiez pas présents à ce moment-là.
Pourtant, aujourd'hui, vous êtes bien ici, dans cet instant historique de sa vie. Pourquoi êtes-vous là ? Eh bien, ne l'oubliez pas, vous avez demandé à l'être. Et votre Père/Mère, cet Esprit directeur qui vous a créé a choisi de vous y envoyer parce qu'il a besoin de recueillir des informations, des énergies par votre intermédiaire. Peut-être serait-il bon de reprendre ce partenariat car, à force de vous sentir abandonnés, vous vous êtes vraiment isolés de sa présence. Voilà pourquoi vous avez tant de difficultés dans votre vie avec vos parents. C'est peut-être pour vous rappeler qu'au-dessus de vous, vous avez un autre parent, celui qui a créé votre réalité d'Être, et qu'il faut à nouveau communiquer avec lui.

Les temps à venir vont voir refleurir la communication. Alors, vous serez nombreux à retrouver ce chemin. Au début, il faudra vous renforcer, car votre mental s'agitera. Il s'emballera parce qu'il va perdre une partie de son pouvoir puisque vous lui avez accordé un pouvoir démesuré. Tout d'un coup, en rétablissant le contact avec votre Moi supérieur, votre Esprit directeur, il sentira qu'il n'a plus l'entière dominance sur votre réalité. Quand votre mental s'affolera, offrez-vous des instants de Silence et de Paix. Quand vous serez assaillis de toute part dans votre vie professionnelle, cherchez ces instants de silence. On ne peut pas vous les voler ! Il suffit tout simplement de vous asseoir quelque part chez vous, dans votre fauteuil préféré ou dans votre lit ! Personne ne peut vous prendre ces moments.

Vous verrez beaucoup d'agitation de toute sorte, et c'est naturel puisque l'énergie masculine perd son autorité et s'agite en conséquence.
Offrez-vous des instants de silence ! En lui, vous trouverez votre reliance, vos racines, votre personnalité, votre réalité. Si vous les agrandissez, la lumière pourra murmurer à votre oreille intérieure le chemin que vous devez prendre ; tout au moins, le meilleur qui vous correspond dans l'instant. Dans le Silence, la Vie vous parlera. Elle ne vous entretiendra ni du passé ni du futur, mais de votre réalité dans le moment présent. Là aussi, j'ai vu tant d'hommes et de femmes aimer se repaître dans les énergies du passé "J'ai été ceci, puis cela ; j'ai fait ça ; ma blessure vient de là, etc.". Quand on va ainsi visiter les énergies du passé, quand on les reconnaît et qu'on se réinstalle dans cette reconnaissance, on les retrouve… Puisque c'est le passé, pourquoi vouloir reprendre un vêtement déposé, usé, trop petit pour vous ?

Nous vous présentons aujourd'hui un habit de lumière où l'espace et la fluidité prédominent. Vous avez le choix ! Vous avez toujours le choix. Mais nous, Êtres de lumière vous proposons le meilleur pour vous et c'est l'Espace, l'Amour, la Paix. Il y a un vêtement qui vous correspond, tout prêt. Bientôt, on va le déposer dans votre intimité. Qu'allez-vous en faire ? Allez-vous l'accepter ou garderez-vous le vêtement trop étroit ? Vous nous le direz. Mais ne vous étonnez pas, si le passé vous intéresse tant, que vous soyez happés par le besoin de pouvoir de l'énergie masculine. Oh, non pas que l'énergie masculine n'est pas bonne, mais vous en avez simplement visité un visage étroit, lourd. Vous n'avez pas compris l'énergie masculine. Je veux vous rappeler que lorsque l'énergie masculine est entrée en déviation, elle est devenue guerrière. Elle a créé des dogmes, engendré des rigidités ; elle a étouffé l'énergie féminine, mais s'est étouffée elle-même. Quand vous entendez : « Je pars en guerre parce que Dieu me l'a demandé » ou « Cette guerre est sainte », dites-vous bien que c'est une dépravation de l'énergie masculine et rien d'autre. *Dieu,* déjà, est un nom qualifiant une énergie et l'énergie universelle n'est qu'Amour et n'invite personne à faire la guerre mais, au contraire, à s'installer dans sa paix intérieure.

Vous êtes devenus les esclaves de l'énergie masculine mal qualifiée. Et je ne vais pas partir *en guerre* contre elle, j'essaye simplement de vous signaler que si vous n'êtes pas en paix, vous avez visité votre énergie masculine par le mauvais côté, pris une porte qui n'était pas la bonne. Vous pouvez la refermer, c'est tellement simple.
Si vous me posez la question : «Mais, quelle est cette porte ?» Je vous répondrai : «Tu as poussé une porte, tu es entré(e), il te suffit de te rappeler que tu l'as fait et, dans ta tête, ferme cette porte et elle se fermera. Puis, n'oublie pas, si tu quittes cette pièce de ta personnalité, une autre t'attend. Alors, va pousser cette porte qui t'apportera plus de confort intérieur.» Je me plais à ajouter que, dans ce passage, moi avec le collectif et tous les êtres qui viennent pour nous appuyer, nous pouvons vous éclairer, mais pas faire le travail à votre place. Je peux vous signaler que vous avez pris une porte peu recommandable, mais c'est vous qui déciderez si oui ou non vous quittez cette pièce et si vous fermez derrière vous. Parfois, on me dit : «J'ai déjà déposé ma valise, elle était lourde !» Et je réponds souvent : «C'est bien, et si tu lâchais la poignée, ce serait mieux ! Vois-tu,

une valise a une poignée qui peut faire mal aussi !» C'est cela qui vous reste à faire.
Vous avez déposé beaucoup de choses, vous avez travaillé, mais vous êtes encore accrochés à ce que vous avez vécu. Il vous reste un pas à franchir, un pas vers la liberté. Oh, cela ne veut pas dire que vous allez courir dans la rue et crier « Je suis libre » ; vous pouvez faire cet acte intimement, avec vous-même. Il existe des actes de grande importance qui se passent dans le silence, juste à l'intérieur de soi.
On vous a informé qu'il y aurait encore une petite période (jusqu'en juin 2008) où nous serions là pour recueillir les dernières informations ; que croyez-vous que cela représente ? Savoir si l'énergie masculine va encore partir en guerre ! On peut observer vos médias, ils nous renseignent ! Le temps va nous parler de vous et de votre relation avec la Vie. Aussi, je vous le dis, si vous descendez dans la rue et criez à tue-tête : « Oh ! Je me suis libéré, je suis un être de lumière ! », nous vous regarderons en songeant "Oh ! Il a encore bien du travail à faire !". Mais si, sans bruit et sans besoin de reconnaissance, vous nous signalez intérieurement "Je suis fatigué, je reconnais que je n'ai pas su, mais je sais que je suis un être de lumière et je me fixe maintenant le but d'arriver à cette lumière qui est Moi !". Alors, nous nous exclamerons : «Voilà un instant extraordinaire, voici un début d'accouchement et nous allons accompagner cette naissance». Nous lui permettrons de grandir et de devenir totale ; elle sera toute intérieure. Vous ne tiendrez pas un bébé dans les bras mais nous si, et ce bébé, ce sera vous ! Telle sera votre nouvelle naissance. Actuellement, nous nous apprêtons à suivre de nombreux accouchements.

Voici pourquoi la Mère cosmique est de retour, une mère ne peut qu'accompagner ses enfants dans cet instant magique.

Ainsi, la Mère s'est installée pour accueillir ces naissances de vous-mêmes.
Peut-être qu'au début, vous ne saurez pas crier ni même parler, ni quoi faire de cette nouvelle lumière. Comme pour toute naissance il y a des gardiens, des êtres qui seront là et qui se pencheront sur cet instant magique où la Vie reprendra ses droits. Vous n'êtes pas seuls.
Oui, il y aura des troubles extérieurement et intérieurement. Mais ce sont les contractions qui signalent une naissance. Vivez intérieurement votre propre naissance et celle-ci vous amènera à la Paix, puisque naissant à une nouvelle réalité, on est enfant et comme tel, on découvre la Vie. Et la Vie est tellement belle ! Vous connaissez cette existence présente où vous avez été lésé de votre lumière, de votre personnalité, de la paix, de l'amour. Pour certains, ils l'ont vraiment vécu au jour le jour, d'instant en instant. Nous savons tout ce que vous avez traversé et combien vous avez souffert. Mais nous ne pouvons pas nous arrêter sur votre passé, ça serait tomber dans le piège de vos personnalités. Nous vous disons simplement : «Tu en étais là mais, moi, je t'attends plus loin, dans un point de lumière où tu viendras finalement habiter. Là, quand tu l'occuperas, je te donnerai la main, pas avant. Par contre, toi, tu peux décider de mettre ta main dans notre lumière et cela t'aidera à franchir le chemin qui te sépare de cet instant.»

La Paix ne va pas revêtir le vêtement que vous essayez de lui construire. La Paix prendra une forme que vous ne connaissez pas. La Paix revêtira une couleur ; vous ignorez laquelle. La Paix émettra un parfum ; nous le tenons en réserve pour l'instant.
Parce que les enfants que vous êtes sont encore instables sur leurs pieds ; ils ne savent même pas qu'ils ont des pieds pour marcher. Quand vous oserez mettre un pied devant l'autre, nous prendrons vos mains, les serrerons pour vous

donner l'appui nécessaire pour oser marcher. Quand, enfin, vous oserez marcher, nous vous fournirons tous les éléments pour apprendre la nouvelle vie.
Pourtant, je vous le confirme, cette nouvelle vie sera vécue sur cette planète. En tout cas, pour tous ceux qui voudront vraiment s'installer à l'intérieur d'eux-mêmes. Pour les autres, nous avons tellement d'amour que nous les conduirons dans un endroit où la lumière ne les aveuglera pas ; parce qu'ils sont déjà aveuglés par l'ombre de cette lumière qui se présente à eux et il faut respecter cela.
Ceci ne veut pas dire que respecter, c'est accepter ; c'est surtout reconnaître qu'ils sont aveuglés et que vous, qui acceptez de rentrer dans la lumière, vous devez faire un effort supplémentaire pour ancrer cette Lumière de Vie. Puisqu'ils n'en n'ont pas le courage, vous devez trouver le courage d'aller encore plus loin dans cet ancrage. Vous commencez à vous éveiller et on vous en demande un peu plus. Et lorsque vous serez davantage installés en vous, on vous en demandera encore.
Quand vous prétendez vouloir vous installer dans la lumière, il y a des tests d'intégrité et d'obéissance. Ensuite, on vous en présente d'autres comme "Est-ce que tu veux t'installer dans ta maîtrise et ton autorité ?" Oh ! Je peux vous prévenir aujourd'hui : quand vous serez dans le test, vous aurez oublié mes paroles. Vous pouvez me faire confiance ! Demandez à ma partenaire, elle pourra vous en parler ! Mais dites-vous bien que ce qui vous attend après sera tellement grand et beau que vous sourirez d'être passés par ces épreuves.
Savez-vous qui viendra vous présenter ces tests ? Je vous l'annonce en confidence, mais vous pourrez le répéter à haute voix ; je vous en donne l'autorisation. Afin d'accompagner ces années, j'ai demandé à tous les maîtres du passé, à tous les êtres de lumière installés dans leur royauté, à tous les anges, les guides qui vous assistent, à

tous les maîtres en poste et à tous les maîtres à venir pour cette planète, de vous créer eux-mêmes ces tests.
Vous entendez bien ! J'ai demandé aux Maîtres de la Lumière de vous induire des tests pour savoir si vous allez glisser dans votre ombre ou si vous franchirez un nouveau pas dans la lumière. Dites-vous bien lorsque vous serez dans ce test que le sceau de SORIA y sera.
Pourquoi ai-je fait cela ? Parce que JE VOUS AIME !
Parce que ce qui vient vers vous est d'une telle intensité que je ne peux me permettre de vous laisser vous reposer. Les instants présents sont tellement importants dans le développement de votre Être que vous vous reposerez un peu plus tard. Je le sais, vous êtes fatigués ; pourtant, vous irez plus profondément encore à l'intérieur de vous. Il faut descendre dans cette lumière naissante, l'investir dès à présent. Vous n'avez pas le temps de vous dire : «J'ai un faisceau de lumière, je ne sais quoi en faire !» Vous devez descendre à l'intérieur dès maintenant ; il faut lui donner des racines et les ancrer !
Croyez-moi, ces paroles ne sont pas anodines ! N'attendez rien de votre entourage même s'il vous aime, car il ne peut rien ici pour vous. Vous êtes maintenant seuls en face de la Lumière de Vie. À partir de maintenant, vous êtes seuls. Peut-être que vous réussirez à vous épauler tant bien que mal, à vous consoler ; mais nous avons choisi de vous présenter seuls pendant les années qui viennent à la nouvelle lumière naissante. Car nous avons besoin d'être sûrs que vous êtes bien ancrés dans votre volonté de servir la Lumière et non dans un besoin égotique de recevoir la Lumière et de lui construire un moule. Cela se fera encore.
Nous avons donc besoin de savoir si vous êtes aptes à canaliser cette lumière qui descend et à la laisser s'écouler en vous sans rien attendre. En un mot, nous allons étudier vos capacités à ÊTRE et non à PARAîTRE. Et dans cela, vous aurez plusieurs tests, c'est normal.

La Force de Vie qui coule maintenant sur cette Terre ne peut pas garder des êtres qui vont se poser des questions et ne réagiront pas. Dès à présent, soyez bien ancrés dans votre volonté de service, dans votre volonté d'obéissance, dans votre volonté d'être.

Pour nous, il n'est pas important que vous restiez sur cette planète ou que vous alliez sur une autre. Cela ne va pas déterminer si nous allons vous aimer plus ou moins. Nous ne connaissons pas cela, nous aimons, point ! Par contre, nous agirons en fonction de vos réactions à notre présence. Selon elles, vous ouvrirez ou fermerez tout simplement des portes et, en fonction, nous devrons prendre des décisions. Cela s'arrête là. Nous vous aimons, point !

Nous savons qu'en face de nous, les êtres en incarnation n'ont pas les mêmes réactions. Nous en avons déjà enregistré beaucoup en présence de cette lumière nouvelle qui coule dans les entrailles de cette planète et venant directement du Cœur même de la Création. Comme cela est difficile à côtoyer ! On veut absolument lui faire épouser un moule pour pouvoir la diriger. Mais on ne peut diriger cette lumière, cette force. On voudrait absolument la voir accomplir des actes comme l'on en souhaite, mais on ne peut pas entrer dans ses actes ni dans ses désirs.

Nous sommes Liberté, nous sommes Fluidité, nous sommes LA Création et cette fois, la Création n'entrera pas dans un moule humain du passé. Nous vous attendons devant un nouveau partenariat où nous n'épouserons aucun moule ; et aucune volonté ne pourra nous diriger. Il n'y aura pas de mainmise sur cette Force. Ou vous glissez à l'intérieur ou vous vous en écartez tout seul. C'est aussi simple que cela !

Vous pouvez avoir des prétentions envers la Vie. Dans ces prétentions, il n'y a pas de portes ouvertes à la Vie puisque la Vie est Fluidité, elle est Paix, elle est Amour.

Mais en parlant de Paix, savez-vous qu'il y a aussi une épée ? ***L'épée de lumière*** qui vient trancher tout ce qui n'est pas, ce qui est faux dans vos comportements, dans vos pensées afin de vous libérer et de vous faire entrer dans la Paix. Alors n'oubliez pas, tous les grands Maîtres ont reçu leur épée de lumière et l'ordre de trancher ! Et cela est bien.
Vous voudriez encore que l'on soit douceur enrobante, mais nous sommes Force, nous sommes Action, nous sommes Matrice, nous sommes LA Vie ! Donc, nous sommes épée de lumière.
Quand j'observe ce qui se passe sur cette planète, c'est bien d'une épée de lumière dont elle a le plus besoin. Aussi, nous allons trancher tout ce qui ne correspond pas à la tonalité de ce rayon qui coule maintenant puisque ses racines ont été bien implantées. Ce rayon de lumière, encore mince, va prendre de la force, car il s'était fait tout doux afin de vous protéger et a accepté de n'être qu'un filet à peine perceptible au début. Il a commencé à vous dire JE SUIS LÀ, à réveiller en vous ce qui dormait. Mais il grossit et descend plus profondément parce qu'il agite dans votre réalité, non pas à l'extérieur. Pourtant, il nourrit l'extérieur, toute l'aura de cette Terre.
Il en nourrit également l'intérieur où résident de nombreuses fraternités. Ces fraternités de lumière travaillent dans le silence pour maintenir le cap de cette planète et vous aident, vous humanité en cours de test, à ne pas trop dévier de la trajectoire. Elles ont fourni un effort extraordinaire et en seront récompensées. Ces êtres commencent à révéler leur présence et à vous délivrer aussi quelques mots sur leur vie et leur vision de la Paix. Voyez-vous, tous sont installés dans une lumière bien plus forte que la vôtre et ils ont déposé à l'intérieur de cette Terre une qualité d'expression qui va maintenant rayonner de l'intérieur vers l'extérieur. Nous leur avons demandé de pénétrer les particules de cette

planète afin que cette lumière puisse émerger dans votre réalité.
Vous voilà pris entre deux feux : un feu descendant et un feu ascendant. Vous pouvez peut-être vous cacher du feu descendant, mais si vous vous cachez, vous aller entrer dans la terre. Problème ! Puisque la Terre émet maintenant également son rayon interne. Il n'y a donc plus d'endroit pour vous cacher. C'est terminé, révolu le temps ou vous pouviez aller dans une grotte et dire être isolé du monde extérieur. Vous iriez n'importe où, au sommet d'une montagne, dans des grottes profondes ou, plus simplement, vous cacher dans vos maisons et crier : « Je ne vais plus sortir », la lumière ira à votre rencontre. Elle frappera à votre porte et viendra vous chercher. Il ne peut plus y avoir une part d'ombre sur cette planète, parce que la Paix, la Paix du Ciel et la Paix de l'intérieur de cette Terre viennent vous visiter.

Forcément, vous vous sentirez souvent très à l'étroit dans votre vêtement de chair. Puis, vous finirez par vous dire : "S'il n'y a pas de paix à l'extérieur, c'est parce qu'à l'intérieur, je n'ai pas installé la paix". Pour parvenir à cette compréhension, il nous fallait agir et nous avons choisi de faire descendre ce rayon du Cœur même de la Vie. Ensuite, nous avons fait naître ce rayon de lumière de l'intérieur; afin que vous ne puissiez plus dire : «Je ne sais pas, je n'ai pas reçu !», que vous ne puissiez plus crier : «La lumière n'est pas venue nous visiter !».
Cela était valable avant, mais plus maintenant. Comme toute l'ombre sera progressivement éclairée, vous allez être devant le Feu Sacré. Devant ce Feu Sacré, vous ne pourrez plus tricher.
Oh, vous trichez avec la Vie, et vous trichez également avec vous. Voilà une autre raison qui fait que vous n'êtes pas installés dans votre paix. Vous trichez en permanence.

Quand vous rencontrez des personnes à l'extérieur de chez vous, vous faites semblant, vous présentez un visage afin que l'on puisse dire : «Oui, cet être est installé dans la lumière ! Oh, il a fait un grand chemin. Mon dieu, je voudrais bien être comme lui !» Vous pouvez tricher, et vous pouvez faire croire aux autres que vous avez fait un plus grand travail qu'eux. Mais vous ne pouvez pas le faire à cette lumière qui vous visite.

Vous êtes habitués à PARAÎTRE ; maintenant, vous êtes invités à ÊTRE. Et dans cet *être* qui va naître, tout ce qui vous encombre devra être déposé. Vous pensiez peut-être que le travail se terminait, il ne fait que commencer. C'est vrai, sur un nouveau cercle de compréhension puisque la Vie s'expanse par cercles. Mais vous commencez à décrypter les lois, les messages et la vie d'un nouveau cercle, et vous ne pourrez pas tricher sur celui-ci. Cette fausse manière d'être a été autorisée ; vous étiez redescendus dans la troisième dimension, c'est encore les énergies basses. Puis, en supplément, il y eut ce test et toutes ces énergies qu'on vous a demandées d'extérioriser, ça faisait beaucoup ! Oui, il y a de grandes réussites ! Maintenant voyez-vous, votre planète s'élève et quitte doucement la réalité de la troisième dimension. Si vous voulez demeurer dans l'ancrage avec Urantia, vous devrez aussi quitter la réalité de votre troisième dimension. Et la quatrième, c'est la dimension du cœur et de l'Amour. C'est le CENTRE. C'est être UN, s'installer DANS LA LUMIERE, c'est s'installer DANS l'AMOUR.

Oh ! Ce n'est pas cet *amour* qui fait que, *par amour pour l'autre,* on préfère s'offrir un holocauste ! C'est terminé tout cela. S'aimer est aussi dire non ! Parce que vous aimez les autres, ou l'autre, vous allez dire non ! NON ; c'est étrange, on vous demande de prononcer des *non* alors que l'énergie féminine a pris le pouvoir !

Vous n'êtes pas habitués à ce que l'énergie féminine utilise le NON ! C'est vraiment étrange. Vous pensiez que l'énergie féminine disait toujours *oui*, *amen* à tout ! Voyez-vous, c'est faux ; c'est l'énergie masculine qui a dit *amen* à tout !
Eh oui ! L'énergie masculine est partie en croisade, *faire la guerre,* puis pour se racheter, l'énergie masculine a dit oui à tout. Vous allez donc seulement visiter l'énergie féminine.
L'énergie féminine est la fluidité, la transparence de l'être installé dans l'*être*. Et ça, vous ne connaissez pas encore.
Je vous l'annonce : l'énergie masculine a visité ses travers.

Toutefois, il me faut aussi aller un peu plus loin en parlant des tests que vous avez eus. Ils ont été établis afin que vous puissiez regarder votre ombre. Vous les avez tout de même plus ou moins reconnus. Désormais, nous vous en offrons d'autres. Nous allons vous amener DANS la lumière. Mais vous y avez également créé des rails d'expressions ; alors, nous déblayerons. Ces rails d'expression, c'est une ombre. Ainsi, vous avez installé l'ombre dans la lumière et nous devrons la déloger ; voici notre travail !
Car nous avons un instant bien précis, un rendez-vous avec l'énergie de Vie et nous devons vous y conduire. Nous avons de gros travaux à faire pour que ce rendez-vous soit le plus lumineux possible ; la paix vous attend après. La paix va se construire à chaque instant jusqu'à ce rendez-vous. La paix doit d'abord déblayer cette part d'ombre que vous avez installée dans la lumière, car vous avez construit des moules pour que cette lumière s'exprime et nous fissurerons, désagrégerons tous ces moules les uns après les autres, et il y en a !
C'est ainsi, c'est la Vie puisque c'est votre Vie.

Pour ce travail, et afin de vous dire combien vous n'êtes pas seuls, j'ai demandé ce soir à tous les responsables des villes créées à l'intérieur de votre Terre (elles sont nombreuses) sur la quatrième, la cinquième, la sixième dimension, de venir et de remplir cette salle. Je tenais à ce que vous receviez leur amour pour ce voyage que vous entreprenez puisque vous allez voyager à l'intérieur de vous. Tous ces Êtres ont oeuvré en silence et ont accepté de déplacer leur énergie pour vous voir. Ils vous épaulent dans ce cheminement. Oh, je parle de vous, assis dans cette salle, mais de tous les lecteurs et même de tous ceux qui ne savent pas et qui, dans le silence et sans point de repère, font un très beau travail. Tout le monde sera aidé. Ces êtres ont accepté de quitter la quiétude de leur dimension pour venir s'installer dans votre réalité. Alors, je les remercie, car ils ont porté en eux la responsabilité de garder cette conscience du Très-Haut et, à intervalles réguliers, ils sont venus vous visiter. Ils ont déposé quelques germes pour vous, disant : «Le chemin est par là!». Ils sont Amour, Sagesse et ils ont une volonté bien ancrée du Service. Ils ont appris, à leurs dépens pour certains, que même étant dans la lumière, des ombres viennent parfois vous visiter. Ils savent que vous entrez justement dans cette période où l'ombre que vous avez créée, installée dans cette part de lumière qui vous est propre, doit être délogée. Ainsi, dans le creux de votre oreille, ils viendront vous parler. C'est ce cadeau qu'ils vous font. Voilà pourquoi je vous invite à vous créer des instants de silence ; peut-être n'entendrez-vous pas de mots, car tout le monde n'entrera pas en communication du jour au lendemain avec l'une ou l'autre des réalités de la Vie. Mais vous recevrez cette nourriture qui vous aidera à franchir le pas qui vous est proposé dans l'instant.

Je vous demande de moins vous pencher sur votre passé. Et si vous êtes d'accord, de laisser ces études sur qui vous étiez, parce que le plus important est de savoir ce que vous êtes maintenant. *Ce que vous êtes maintenant* s'est appuyé sur les réalisations du passé, mais elles sont beaucoup moins lumineuses que cette réalisation présente même si, en apparence, vous ne savez pas que vous portez une lumière plus grande.

Justement, dans ce que vous allez vivre d'instant en instant, c'est cette reconnaissance dans le silence, c'est tout simplement cesser de vouloir, accepter de lâcher prise sur ses émotions, sur son mental, sur les constructions où l'on a besoin de repères. Pour ceux qui ont besoin de tels points de repère, je vous garantis que cela sera difficile, car ce qui est construit aujourd'hui sera détruit demain afin que l'après-demain vous offre de nouveaux points de repère et il en sera ainsi de mois en mois, d'années en années.
Il va donc falloir accepter la transformation dans la transformation, que l'instant vécu maintenant soit la matrice de l'instant suivant, mais que l'instant qui suit soit également la matrice de l'autre qui lui succèdera. Si vous vous glissez sur ces matrices de Vie en mutation permanente, vous aurez attrapé votre fil d'Ariane et vous pourrez alors remonter jusqu'à cette pure Lumière qui fut un jour déposée à l'intérieur de votre identité.
Ne croyez pas que l'on vous tendra des pièges pour vous fourvoyer ; on va simplement vous indiquer : «Tu vois, là, tu n'étais pas centré ; là, tu n'étais pas dans la paix ; à cet instant précis, l'Amour, tu ne savais pas ce que c'était». Ou encore : «Regardes ! Tu as vu comme tu as bien progressé ! Remarque comme tu as passé facilement cette épreuve ! Tu n'a même pas ressenti que c'en était une !». Il y aura aussi de tels instants.
N'oubliez pas que vous serez nourris de tous les côtés. Vous aurez des livres venant de différentes sources. Il y aura aussi ces conférences, des instants particuliers où l'on profite de descendre des énergies qui s'installent dans vos cellules. Il se déroulera des ateliers, construits par un maître ou un autre. Il y a cette Lumière de Vie qui s'est ancrée

maintenant. Puis il y aura la lumière de nos frères intraterrestres et celle de la Mère Cosmique et puis, et puis… il y a tellement qui vient vers vous !
Vous n'êtes pas seuls ! Vous n'avez JAMAIS été seuls ! Et pour ceux qui ont des accès de pudeur, je peux vous certifier qu'à chaque instant de votre existence, des êtres vous entourent, et ils sont nombreux. C'est comme ça ! Oh, de temps en temps, on se tourne pour ne pas trop vous effrayer ! Mais nous vous connaissons si bien …

J'essaie aussi de vous faire comprendre que la Joie habite ces instants que vous allez vivre. Peut-être que vous ne la reconnaîtrez pas tout de suite, que vous avez perdu votre humour, mais cela reviendra. Voyez-vous, nous sommes Simplicité et, dans la simplicité, nous aimons rire. Quand vous penserez vraiment "Tout va mal", essayez de vous créer des instants où le rire pourra fuser dans votre vie. Puis, quand vous aurez bien ri, accueillez la paix qui se sera déposée par le rire. Car ceux qui vont oser rire découvriront une paix d'une belle profondeur.

Je parlerai beaucoup de Paix mais, à chaque fois, j'en développerai un aspect. Car il vous faut vous réconcilier avec vous-même et que vous compreniez que cette Paix a toujours été là. Elle vous a toujours accompagnés. La Paix est aussi une porte qu'il faut ouvrir puis, on lâche la poignée ! Quand on a enfin osé, on accueille la lumière qui est derrière. Pousser une porte, c'est bien ; mais si vous le faites, vous y cherchez une nourriture derrière; et la nourriture est un rayon de lumière, peut-être teinté, mais quelle importance ! Voilà un rayon de lumière !
La Vie est lumière ; vous êtes lumière et vous allez vers la lumière. Vous avez toujours été installé dans cette lumière. Souvenez-vous ! Souvenez-vous ! Souvenez-vous ! Vous ÊTES lumière. Vous n'avez jamais cessé de l'être. Vous

avez été créés par la lumière et créés lumière. Alors, vous cherchez encore la lumière ! Commencez par regarder à l'intérieur de vous ; tout le reste arrivera.

Il est temps pour moi de me retirer et de vous dire que je vous retrouverai, soit dans votre intimité, dans votre silence, soit grâce à un livre, soit dans une conférence ou dans ces espaces que j'ai créés, bien particuliers. Ces instants de cercles, je les ai conçus parce qu'ils correspondent à un partenariat et ils ne peuvent être décrits puisqu'ils sont uniques.
Je vous ai d'ailleurs invités à créer des *cercles de paroles*, non pas à reproduire ce que je fais. Je vous ai demandé de mettre en place quelque chose qui vous appartient, qui revêtira un visage particulier.
J'aimerais effectivement sur cette planète que les anciens puissent parler aux adultes, que les enfants puissent parler aux adultes et aux anciens. En fait, il faut que des cercles informels se créent, que la parole circule, mais cette parole n'a pas besoin d'épouser un MOULE !
Il est bon qu'elle soit fluidité ! Et quand un homme ou une femme viendront s'asseoir à l'intérieur d'un cercle qui n'aura revêtu aucun visage, et partager un peu de savoir, dites-vous bien qu'à ce moment-là, l'un des Maîtres vous visitera dans cette intimité.

Je me retire et vous invite à trouver le Maître de sagesse et de lumière qui repose en vous et, quand vous le rencontrerez, vous vous apercevrez qu'il n'a qu'un seul visage : le vôtre !
Je vous invite à franchir le pas vers ce Maître que vous êtes !

2

L'enfant intérieur

Je suis heureuse d'être parmi vous.
Mon cœur déborde d'amour envers vous et cela teinte mes paroles. Tout naturellement, le choix de mes mots correspond à l'émanation de votre cœur et de vos pensées dans l'instant. Ces mots reflètent ce que vous êtes. Quand on utilise les mots, on fait appel à toute une force, une force qui est autour de nous et qui vient s'y glisser.

Les mots formant le langage, la communication, deviennent parfois des maux, des souffrances, tout simplement parce que les mots n'ont pas été employés comme il le fallait. Aujourd'hui, nous espérons vous réapprendre doucement l'usage des mots.
Pour vous faire comprendre qu'en les utilisant, vous entrez à chaque fois en communication avec l'énergie du terme choisi. Celle-ci voyage puisque le son est le Verbe créateur. Une fois qu'on y fait appel, il s'envole et parcourt des distances incroyables. Il va ensemencer toutes les particules qu'il rencontre.
Un mot est donc une clef ouvrant une énergie, qui commencera par vous pénétrer. Elle reconnaîtra d'abord l'être que vous êtes et, neutre, se teintera de votre essence, de ce que vous êtes à l'instant où vous avez fait appel à elle. Une fois teinté de vos propres énergies, le Son créateur va parcourir les paysages. Oh, ils peuvent être des planètes bien sûr, mais ce sont aussi des êtres, un homme, une femme, un animal, un arbre, un papillon. Le Son créateur caressera tout ce qu'il rencontrera. Cette caresse portera votre identité

puisque le Son, neutre, s'est teinté de ce que vous êtes. Songez que vous êtes plusieurs milliards d'êtres divins à utiliser le Son créateur, mais pratiquement tous sans conscience, sans évaluer la portée de ce que vous déployez. Et, dans l'éther de cette Terre, cela est devenu une cacophonie. Il n'y a plus cette musique douce, pénétrante, qui était l'identité de cette sphère de Vie. Non, c'est une succession de sons qui se rencontrent, qui s'entrechoquent puisque les sons que vous employez actuellement ne peuvent plus se marier entre eux, s'interpénétrer et former la note musicale de la planète. Dans l'éther immédiat, la Vie se cherche, car toutes les notes émises durant vos journées par plusieurs milliards d'humains parcourent, encore et encore de multiples paysages à la recherche d'un son frère qu'elles pourront identifier puis épouser pour former une nouvelle vie. Il n'y a pas de mélodie possible, pas encore…
Imaginez que le son, ce Son créateur utilisé par les hommes et les femmes de cette Terre représente aussi des gouttes de Vie voyageant dans la réalité des éléments, de l'Air, de la Terre, de l'Eau et du Feu. Pouvez-vous penser que vous bombardez tous les jours les quatre éléments d'une cacophonie inconsidérée ? Et tous les êtres de ces quatre éléments demandent que vous repreniez conscience de votre pouvoir, de ce pouvoir qui appartient à l'homme et à la femme, au règne humain. Ils vous invitent à reprendre conscience que leur monde vit à côté du vôtre, que tous ces mondes n'en forment qu'un, qu'une seule sphère de Vie que l'on partage. Bien sûr, ils ont des apparences différentes de la vôtre ; ils n'ont pas un corps humain, ils ont le leur. Oui, ils sont Air, Feu, Terre ou Eau, mais ils vivent et vous ne pouvez pas vivre sans eux. Eux peuvent vivre sans vous.

Nous allons vivre des évènements particuliers, forts et riches d'une grande proposition, d'une grande invitation ; l'invitation de vous reconnaître les uns les autres et de vous tendre la main parce qu'il faut nettoyer tous vos corps et que, pour ce faire, vous aurez besoin du monde du Feu, de la Terre, de l'Air, de l'Eau. Ce partenariat peut très bien se passer, être un instant de joie et de bonheur. Ils pourront utiliser avec douceur leur puissance divine et, pour cela, il vous faut reprendre conscience de leur travail, de leur immense oeuvre pour garder un équilibre à cette planète, ce vaisseau Terre. Vous en êtes les invités ; des invités un peu turbulents, des aventuriers dans l'âme et qui oublient bien souvent de reconnaître la même force et la même puissance dans le voisin, la voisine.

Vous savez que la vieille grille magnétique de cette planète s'est effondrée et laisse place à la vie de la nouvelle. Dans ce passage qui a lieu, vous vous repositionnerez tous. Vous devrez reprendre conscience de votre partenariat avec la Vie, et elle englobe les quatre éléments : le monde de la Terre, de l'Eau, de l'Air et du Feu.
N'oubliez pas, ces quatre éléments ont donné leur puissance en vous pour la création de votre corps. N'oubliez pas que les intelligences de ces quatre réalités vivent en vous et vous ne pourrez plus grandir si, dès maintenant, vous n'accordez pas une place plus importante à la vie et au travail de ces quatre éléments. Vous voulez *être* ; pour commencer, asseyez-vous chez vous dans un fauteuil puis OSEZ, osez reprendre conscience, osez ressentir, osez appeler, oser créer un partenariat avec ces quatre mondes. Les mots que vous utiliserez commenceront tout doucement à entonner une mélodie. Au début, elle sera timide, peut-être à peine audible ; il y aura encore des fausses notes, mais elle commencera à se jouer à l'intérieur de vous. Car, voyez-vous ce n'est pas à l'extérieur qu'il faut chercher davantage aujourd'hui. Maintenant, tout est à l'intérieur de vous. Vous avez parcouru beaucoup de chemin, cherché, essayé de ressentir, d'identifier, de mettre une image sur le Divin.

Vous vous en êtes égarés, perdus, épuisés, vous avez pleuré, ressenti des souffrances et vous avez été même prêts à tout abandonner, ne sachant plus. Ah, il y en a des saints ! Alors, à quel saint se vouer ? Mais tout cela reste à l'extérieur, cela faisait partie de la reconnaissance de ce que vous êtes. Vous avez commencé par reconnaître ce que vous n'étiez pas, là, par l'extérieur, par la vie de tous les jours. Vous rencontrez ainsi une multitude de miroirs en faisant des rencontres, parfois plaisantes, mais dans toutes, c'est uniquement l'image que vous aviez de vous-même qui compte. Comme vous aviez oublié cela, nous avons dû mettre l'accent sur ces images déformées de votre Je Suis puis, comme vous ne nous écoutiez toujours pas, nous dûmes amplifier toutes ces rencontres douloureuses afin qu'au travers de toute cette douleur, de cette souffrance, vous vous disiez enfin : "Mais cela n'est pas possible, pourquoi souffrir autant ? Pourquoi ma vie n'est-elle pas facile ?" Nous vous avons permis de vous poser des questions dans cette errance et nous sommes aujourd'hui, plus proches de vous et vous disons : «Regarde à l'intérieur de toi ; regarde, tu n'as plus besoin de chercher. Ce que tu trouves à l'extérieur, ce sont juste des repères, des propositions pour aller chercher dans le coin de tes cellules cette part de lumière que tu as oubliée. Tu veux être divin ! Mais tu l'es, tu l'as toujours été, tu es né Divin ! Tu veux être lumière ! Mais tu es lumière, tu es né Lumière ! Tu veux *ÊTRE*, mais pourquoi poses-tu cette question puisque tu es vivant, donc TU ES. Tu cherches les couleurs ? Mais tu es l'arc-en-ciel ; n'as-tu pas toutes les couleurs posées en toi ? N'es-tu pas fontaine de Vie ? Tu veux être enfant ! Mais tu es enfant, car personne d'entre vous n'est un adulte, malgré vos apparences, parce que la Vie nous a créés enfant, que vous resterez toujours enfant et que nous sommes enfants. Vous voulez rencontrer votre *Soi*, mais il n'existerait pas car si, VOUS, vous n'existez pas, le Soi ne

peut pas faire ses expériences ni se reconnaître sans vous ! *Le Soi*, c'est forcément vous.
Aussi, le pas que nous souhaitons vous voir franchir maintenant, c'est simplement la reconnaissance de tous vos trésors intérieurs, de votre pouvoir. En fait, il n'y a pas de pouvoir, c'est un état d'être. Il n'y a pas de dons, c'est votre essence. Chacun d'entre vous peut se reconnecter à sa source s'il le désire mais, dans un premier temps, il doit entreprendre un travail : se réapproprier l'usage des mots. Employer les mots, verbaliser, c'est émettre le Verbe créateur, soit donner une forme au Verbe : «Au travers du moule que je te fais emprunter, tu vas agir, créer un monde puisque je suis créateur».
Il sera sans doute bon d'user d'abord des mots avec parcimonie et réfléchir : "voilà, j'ai cette pensée, comment la transmettre sans abuser du Verbe créateur afin de lui laisser toute sa force, sa lumière et qu'il puisse rencontrer des mots harmonieux et créer une mélodie.
Je ne sais pas si vous vous êtes rendu compte qu'au cours de vos journées, vous prononcez un nombre certain de mots et, parfois même, beaucoup en prononcent pour *tuer* le temps, *passer le temps* puisque c'est bien socialement.

Vous pouvez échanger une qualité d'Amour avec vos frères et vos sœurs sans utiliser le Verbe. Là, si vous osez vous attribuer ce pouvoir, vous vous apercevrez rapidement que ces mots, ce Son créateur se remplira à nouveau de toute sa force, de toute sa beauté et qu'au moment où vous verbaliserez, vous recevrez pratiquement tout de suite la création de cette émission dans votre quotidien.
Vous imaginez-vous ? Aujourd'hui, du fait que vous n'avez pas conscience de ce pouvoir, que cela n'a pas trop d'importance, que vous pouvez faire ce travail demain, dans un an ; tout ce temps va permettre à la cacophonie de perdurer. Comme vous êtes créateurs, ce que vous émettez,

harmonieux ou non, vous revient. Mais la grille magnétique change de visage et les rapports de temps également. Il fut une période où, entre le moment où le son sortait de votre bouche et le retour de cette création dans votre quotidien, il pouvait se passer dix ans, voire vingt, trente ans et vous ne pouviez plus faire la relation avec. Cette relation entre le moment de l'émission du Verbe et le retour de cette création ne sera plus la même, se réduisant à quelques heures. Je ne veux pas vous inquiéter ; je vous avertis puisque, désormais, la Vie va se jouer sur une nouvelle partition, plus élevée, plus audacieuse. Vous êtes invités à entrer dans cette audace mais, en même temps, à délaisser ces vieux réflexes, ces rails d'expression.

L'enfant intérieur qui se love dans votre cœur étouffe et il réclame un espace. Il veut s'étirer, respirer, jouer, apprendre. Il ne veut plus souffrir, il ne souhaite plus être déformé. Cet enfant intérieur, vous l'avez apeuré et lui avez laissé une place minuscule. En ce moment, il est mou, un peu déformé et il cherche à redevenir ce qu'il a toujours été, un enfant divin, beau. Beau de l'intérieur, beau de l'extérieur, l'enfant qui se coule sur le fleuve de la Vie, qui veut jouer avec les elfes, les esprits de la Nature. Cet enfant-là, lové dans votre cœur, se sent frère, sœur, l'enfant de ces mondes.
Cet enfant essaye de vous dire par tous les moyens : «Mais attention, tu fais mal, tu fais mal ! Regarde, je ne peux plus jouer avec mes frères et mes sœurs. Avant, je pouvais leur parler. Je ne peux plus approcher le feu sans me brûler et l'eau, quand elle me touche, je me noie ! Alors, s'il te plaît, offres-moi un espace car moi, je vis en toi et tu m'oublies. Quand je te regarde évoluer, tu es triste, sévère, tu te prends au sérieux. Si tu t'observes réellement, tu verras, tu en as des rides, tes yeux sont toujours froncés, ta bouche serrée, tes muscles sont pétrifiés ; tu n'es pas très beau à voir, tu

sais ! Tu m'as oublié, tu m'as déformé mais toi, quand je te regarde, tu n'es guère mieux que moi ! Alors, qu'est-ce que l'on fait ? On continue comme ça, on continue à se faire du mal ! Ou on se pose enfin ! Oui, je sais que tu veux, que tu as émis cette volonté, mais tu te trompes ! Tu cherches par ci, par là, tu vas frapper à toutes les portes ; alors, il y en a un qui te dit blanc, l'autre qui te dit bleu, l'autre rouge et tu finis par t'embrouiller : lequel, lequel a raison ? Tu en es là, tu rentres chez toi, Oh, la, la, qu'est-ce que je dois faire ? Mais tant que tu vas continuer comme ça, tu vas te perdre et tu me perds aussi. Moi, je ne peux pas vivre, je ne peux pas chanter, je ne peux pas jouer, je ne peux pas faire rire, je ne peux pas être l'Air, être l'Eau, être le Feu ni être la Terre. Toi, tu es devenu béton, tu es devenu poussière avant même que la Terre ne te dise quelque chose. Tu te prends au sérieux, car tu crois naturellement que tu as la science infuse. Je vais attendre, je vais attendre encore un peu que tu reconnaisses que je suis là, que c'est simple, qu'on peut se donner la main. Je suis ici, à l'intérieur de toi et vois-tu, tous les deux, nous sommes déformés, nous ne sommes plus ce que l'on était avant ; nos lumières se cherchent ! Et si on se donnait la main, si on réapprenait tous les deux à se parler, à échanger des mots, mais ceux qui viennent du cœur, ces mots qui ne cherchent pas à paraître "Mais vois-tu qui je suis dans la société !". Non, des mots simples, sans fioritures, souvent hésitants ; ces mots que tu as oubliés. Mais ils sont toujours là ! Si on pouvait se les échanger, eh bien, tous les deux, on reprendrait le bon chemin et, ensemble, on pourrait de nouveau retrouver nos frères et nos sœurs, nos amis qui nous soutiennent. Toi et moi, on marche avec des béquilles, toi et moi sommes devenus aveugles et presque muets ; on est vraiment accidentés de la Vie tous les deux ! Alors, s'il te plait, écoute-moi, je suis en toi, dans ton cœur. Ces mots ne sont pas exceptionnels, mais ils viennent de mon cœur parce que je t'aime ! On est des gueules cassées tous les deux, mais nous sommes beaux quand même ! On peut se donner la main, on peut s'aimer, j'ai envie de te donner la main.»

Voilà mes frères et mes sœurs, ce que l'Enfant à l'intérieur de vous a envie de vous dire !
Il attend. Je ne sais pas les mots que vous lui direz, ni même d'ailleurs si vous allez oser lui parler, mais peut-être que vous pouvez simplement lui envoyer un peu d'amour, de lumière. Puis, de temps en temps, vous vous assoirez dans votre fauteuil, prenant un temps pour vous déplier, parce que vous êtes des papillons en train de vous transformer et vos ailes ne sont pas encore tout à fait sèches ; vous vous envolerez bientôt, on sait cela. Vous êtes en train de laisser vos carapaces les unes après les autres.
En ces instants, j'ai demandé à tous les esprits des mondes du Feu, de la Terre, de l'Eau, de l'Air de venir et de remplir cette salle. Je leur ai dit : «Peut-être qu'il peut y avoir un partage, peut-être que les hommes et les femmes qui viendront pour recueillir le message que nous avons à leur donner oseront pendant un moment vous envoyer un peu de lumière et d'amour». Car c'est l'heure pour reprendre conscience que si vous avez le pouvoir d'utiliser le Verbe créateur, vous n'avez pas plus de pouvoir que les esprits de la Terre, les esprits du Feu, les esprits de l'Air et les esprits de l'Eau. Ils sont vos frères parce que le Créateur n'a pas mis plus de pouvoir en eux qu'en vous. Ils sont issus des mêmes énergies, de la même qualité de la lumière et si la Lumière du Grand Constructeur est émise jusqu'ici, elle s'est simplement différenciée pour donner vie aux mondes du Feu, de la Terre, de l'Eau, de l'Air puis elle a donné naissance à cette famille humaine. Cette lumière a aussi engendré les végétaux, les animaux, les Anges, cette grande fraternité ; ils ont reçu la MÊME lumière, le MÊME amour.

Ils ont reçu autant que vous, ni plus ni moins, et eux n'ont jamais oublié d'où ils venaient. Ils n'ont pas perdu leur identité et, depuis leur création, travaillent à leur poste ; ils entretiennent consciemment la flamme qu'ils ont reçue.
Aussi, si vous êtes d'accord, avant de quitter cette salle, prenez un instant et offrez-leur soit de l'amour, soit de la lumière ou un silence respectueux.

Vous le savez aujourd'hui, les esprits de ces quatre mondes ont reçu une demande particulière : le Grand Créateur a demandé la purification de cette planète afin que les enfants Divins que vous êtes retrouvent la splendeur initiale.
Ils vont donc œuvrer et épurer ces mémoires encombrées, notamment par l'usage du Verbe créateur et donc par la famille humaine. Ils sont toujours d'accord pour le faire; étant un peu fatigués, mais ils ont encore répondu présents.
Par contre, leur travail va épouser un moule d'expression et vous pouvez le modifier, le rendre plus harmonieux. Vous pouvez éviter qu'il ne devienne catastrophe, qu'il soit défiguré.
Sincèrement, je vous demande d'offrir quelques instants chez vous, une fois par semaine par exemple, en envoyant de l'amour, de la paix et de la lumière à tous ses esprits des quatre mondes afin qu'ils comprennent que la famille humaine est en train de poser sa main dans la leur en vue de recréer un partenariat conscient, de rendre la beauté à ce vaisseau spatial qu'est votre planète. Afin de recréer la pureté, l'harmonie de façon à ce qu'elle émette sa mélodie.
Je sais que vous êtes sollicités à droite et à gauche. Oui, les œuvres humaines vous appellent. Maintenant, ce sont les œuvres divines qui réclament votre présence ; elles ne vous demandent pas grand-chose, juste un échange, un respect.
Désormais, je vous invite à penser que vous pourriez déplier vos ailes, vous envoler et communiquer avec ces quatre mondes ! La Paix ne se joue pas à coup de signatures, à

coup de *Je te donne ceci, tu me donnes cela.* la Paix ne se troque pas. La Paix est d'abord une volonté, une qualité du cœur, c'est savoir ne pas utiliser le Verbe, s'asseoir à côté d'un frère ou d'une sœur, dans la rue, sur un divan, c'est lui tendre la main, lui sourire. La Paix, cela peut être un regard d'amour, un regard de lumière. On peut dire : «Tu es mon frère, tu es ma sœur, je te reconnais comme cela». La Paix, c'est certainement vous accorder un peu d'amour, de silence, reconnaître ce que vous êtes. C'est peut-être de saisir que la Vie est un fleuve et que vous pouvez glisser en lui. C'est accepter que l'on ait sa place dans l'aisance, dans la fluidité de chaque instant et accepter de ne plus recevoir plus de coups qu'il n'en faut.
Lorsque vous préparez votre mission, votre venue sur cette planète, vous ne choisissez qu'une seule phase d'étude, seulement une. Cela représente, si tout se déroule bien et si vous n'interférez pas, une semaine de votre existence ! Cela signifie qu'avec tout ce que vous avez souffert, en mettant ces journées les unes au bout des autres, vous avez largement dépassé ce que vous aviez prévu. Pour tout le reste de votre vie, vous aviez envisagé de créer une réalité dans laquelle vous pourriez évoluer en douceur et recevoir de l'amour. Je ne peux pas dire que vous avez respecté votre ambition ; vous avez largement inversé le processus, mais vous êtes créateurs et il est fait selon votre volonté !

Vous êtes conviés à la paix du cœur, à la paix de l'âme, à la paix de l'esprit et, aussi, à la paix du corps. Cette paix est à votre portée. Réalisez simplement que nous n'avons aucune clef à vous apporter ni aucun mot particulier, que nous ne détenons pas la force nécessaire pour mettre en place cette paix, que nous ne possédons pas l'amour qu'il faut pour que vous envisagiez de vous installer dans cette paix. Parce que nos mains ne possèdent qu'une chose : nos propres énergies

et elles ne sont pas les clefs qui ouvrent la paix à l'intérieur de vous.
Je le répète, tout est en vous, toutes les clefs, tous les mots, tout l'amour, toute la lumière, la force, TOUT est à l'intérieur de vous !

Mes frères, mes sœurs, je voulais aussi vous dire ceci : bientôt, vous partagerez des moments exceptionnels, vous vivrez des instants d'exception. Dans ces moments inédits, ne vous y perdez pas, ne tombez pas dans le piège de l'extérieur, soyez attentifs et à l'écoute de ce que vous allez ressentir à l'intérieur de vous. Ne tombez pas dans le piège de l'illusion, de la fausse lumière et du faux amour. Ne remettez pas votre pouvoir à l'extérieur de vous car jusqu'à maintenant, vous avez tellement donné votre pouvoir aux autres ! Ce pouvoir, vous allez devoir doucement vous le réapproprier pour vous, pour votre enfant intérieur.
Je vous mets en garde, il y a encore des pièges à venir. Tout simplement parce que certains d'entre vous n'ont pas assez travaillé leur part d'ombre et pensent qu'ils savent tout, qu'ils peuvent se débrouiller seuls. C'est une erreur ! Vous possédez tout à l'intérieur de vous, mais vous ne pouvez rien si, en vous, vous ne faites pas appel au partenariat avec votre Moi supérieur, avec vos anges et vos guides. Si vous n'appelez pas le partenariat avec le monde des quatre éléments, vous vous perdrez à nouveau parce que cet appel n'étant pas émis, vous allez l'émettre vers l'extérieur de vous et, là, vous vous perdrez !

J'ai doucement travaillé tout autour de vous au vu des nombreuses cicatrices. Il y a beaucoup de peines encore, beaucoup de souffrances inscrites. Aussi, tout au long de ce partage, j'ai demandé aux êtres de la Nature de travailler sur la part qui est en vous appartenant à leur monde et qu'ils

effacent également certaines inscriptions dans l'aura de cette ville (Mulhouse).
J'ai fait en sorte que beaucoup d'amour soit déposé pour vous rassurer et vous permettre enfin de souffler et de comprendre que vous êtes arrivés à ce moment où vous pouvez effectivement regagner l'intérieur de vous, vous recentrer, où vous n'avez plus besoin de sortir de vous-même. On vous demande bien de regagner vos corps de lumière, de les rassembler et de leur permettre d'émettre leur mélodie.

Nous allons vous quitter sans oublier de remercier les êtres qui m'ont permis d'avoir cet échange avec vous. C'est une grande chaîne qui est en train de se constituer. Alors, je remercie profondément tous les participants qui ont créé ces instants. Je vous remercie tous d'être venus et de m'avoir offert l'occasion de guérir la mémoire planétaire.
Je vous remercie profondément de permettre à cette planète de rentrer dans la phase finale de son contrat.
Que perdure en vous la mélodie de ce soir, avec la Paix et l'Amour que nous avons déversés dans votre essence, dans votre réalité d'Être.

Je vais me retirer en sachant que je vous reverrai bientôt.
Que la paix de ce soir fasse un long fleuve de lumière et qu'il parcoure cette Terre afin de l'adombrer. Je vous remets ce fleuve que nous avons manifesté en connaissance de votre vie, à vous de l'entretenir, de le faire grossir ; cette création est remise entre vos mains, et tout est bien … Tout EST bien.

3

Les marches de la Paix

Bienvenue à tous !

La paix est le sujet d'actualité, paix intérieure et extérieure !

Pour que la paix intérieure s'installe en vous, nous vous permettrons de regarder encore un peu ce qui vous fait mal et vous empêche d'*ÊTRE*.
Oh, ne vous inquiétez pas ! Cela sera fait avec le concours de vos guides, l'aide permanente des grands Maîtres réalisés, ascensionnés, mais aussi de tous les êtres de la Nature. Voyez-vous, la paix ne peut se construire à l'intérieur de vous si les êtres responsables de l'Air, de l'Eau, de la Terre et du Feu ne sont pas invités.

Il n'y a pas de possibilité de paix si vous ne prenez pas consciemment le temps d'ouvrir vos portes à ces êtres. Comment faire ? C'est très simple.

Laissez votre mental, dites-lui d'aller se coucher !
C'est avec le cœur qu'il vous faudra ressentir les événements qui auront lieu sur cette planète. Et ceux-ci commencent justement à l'intérieur de vous ! Ils débutent dans le creuset de vos cellules puisque se trouvent dans chacune des dépôts de l'Air, de la Terre, de l'Eau et du Feu. Tous ces éléments ont déposé de leur propre identité. Quand la Terre Mère a reçu l'ordre de vous construire ce temple, ce corps de chair, afin de recueillir l'esprit et l'âme que vous êtes, qu'a-t-elle fait ? Elle leur a demandé de s'unir et de construire ensemble ce temple que vous habitez.

Oh ! Il n'est pas ce que vous pensiez, c'est-à-dire d'une grande beauté. Vous vous trouvez petits, gros ou grands, beaux ou laids selon vos critères, mais PAS à nos yeux ! Il y a une grande différence. Pour nous, vous êtes à l'intérieur d'un temple qui a pris un visage, une forme certes, mais c'est le plus beau que l'on pouvait vous offrir dans l'instant présent. Parce qu'il vous permettait de recevoir une qualité et une profondeur de conscience qu'un autre corps n'aurait pas révélées. Dans les jours, les semaines et les mois prochains, vous devrez commencer par vous réconcilier avec ce corps dans lequel vous habitez. Car, si vous n'êtes pas capables de vous présenter devant un miroir, de vous regarder et dire : « Je m'aime parce que ce corps offert est le plus beau qui m'est réservé dans l'instant pour m'accompagner afin que je puisse grandir » ; si vous n'êtes pas capables de l'aimer ainsi, de le respecter, de le chérir et de lui apporter des soins, alors, tous autant que vous êtes, ici et ailleurs, vous ne pourrez pas entrer dans la Paix.

Vous pensez "Soria exagère ! Je ne suis vraiment pas très agréable à regarder". Tout cela n'est qu'illusion ! Comprendrez-vous que vous portez en vous le schéma de l'Être réalisé ! Et il est beau. Oh, pas selon vos normes !
La Paix qui vient vers vous vous amènera de nombreuses visites et vous finirez par accepter ces visages. Croyez-moi, vous allez vous apercevoir qu'il y a bien des formes de Vie dans l'Univers qui sont loin d'être *belles* selon vos critères ! Pourtant, ces corps qui ne correspondent pas au canon de votre esthétique abritent des êtres d'une grande beauté intérieure. Ils sont en paix avec eux-mêmes et avec le corps qu'ils ont reçu, car ils savent qu'ils le transmuteront tôt où tard quand ce sera le moment. Il vous faut juste redécouvrir ce pouvoir de transmutation à l'intérieur de vous ; il a toujours été là. Et ce qui vous fait souffrir, ce n'est pas tant

de vous regarder dans un miroir et de vous trouver adéquats ou non, mais c'est plutôt que vous avez oublié qu'un jour ou l'autre vous pouviez transmuter ce corps et lui permettre d'émaner une beauté dont vous n'avez absolument plus aucune idée.

J'ai commencé à vous parler de paix et je vous entretiens de beauté et de corps !
Eh oui, car la Paix est aussi cela. Accepter ce que l'on est, savoir se regarder tel que l'on se présente afin de se poser justement sur cette paix qui nous habite puis s'envoler. S'envoler ? Vous ne quitterez pas cette Terre, mais vous envoler dans l'esprit puisque, tout d'un coup, vous ne serez plus emprisonnés dans ce corps de chair. Vous trouverez les portes qui vous permettront de visiter tous ces mondes parallèles, puis vous passerez de cet état de Foi inconditionnelle (puisqu'il s'agit bien de cela) à la Connaissance. Et franchir ce pas de la Foi à la Connaissance, c'est aussi s'immerger dans une paix.
La Paix est un état d'être. La Paix se construit pas à pas et, à chaque marche, elle vous révélera ce qui est inharmonieux en vous puisque si vous n'êtes pas en paix, vous êtes en conflit. Par conséquent, vous vous trouvez en dysharmonie et vos corps ne reçoivent pas la nourriture dont ils ont besoin. C'est un cercle vicieux dans lequel vous tournez et où vous avez glissé confortablement parce que vous avez tourné le dos à l'être que vous êtes.

Aujourd'hui, il y a des manifestations pour la Paix, mais ces êtres qui descendent dans la rue (et ils ont raison) n'ont pas trouvé la porte intérieure de *leur* paix. Ils crient, pensant que c'est la seule méthode qui existe. Je vais dire que c'en est une, et qu'il en existe des milliers. Il serait bon de trouver votre mode d'accès à la Paix, votre méthode pour la faire descendre, puis vous y immerger et devenir la Paix. Si vous

voulez être Paix, être Amour, il vous faut accepter le b.a.- ba de la Vie. Qu'est-ce ?
"Un jour, alors que j'étais esprit, j'ai accepté la grande aventure humaine. Pour ce faire, j'ai su qu'il me faudrait quitter le cocon de la Lumière de Vie et aller visiter la dualité. Je l'ai su parce que mes maîtres me l'ont dit ; ils annoncèrent même qu'il y aurait des moments très difficiles. Ils m'indiquèrent que tout était fluctuant là-bas dans le monde de la dualité, mais j'ai tout accepté parce que l'aventure humaine est le sacrement de mon état d'esprit. Alors en tant qu'esprit, je suis descendu dans la matière, dans le monde fini. Pour pouvoir quitter ce monde de la lumière, ce cocon de naissance, il me fallait accepter de revêtir un vêtement de chair."

Oui, le b.a.- ba de la vie humaine, c'est revêtir un vêtement de chair.
Je vous invite tous et toutes à vous asseoir chez vous et à étudier quel est votre rapport avec ce vêtement de chair.
Vous savez avec les doigts ce que vous touchez, ce qui fait mal si une aiguille pénètre la peau. Ce vêtement de chair a des lois biologiques, mais répond aussi à d'autres lois. Avant tout, il vous faut examiner votre rapport avec lui. Bien sûr, il y a celui-ci revêtu pour cette dernière incarnation, mais tous les autres aussi. Je ne vous demande pas de faire un voyage dans votre passé d'âme, mais d'être plutôt bien présents dans cette vie-ci et d'examiner ce corps de chair, de l'écouter, de l'entendre, car il vous parle du matin au soir. Il vous dit : « J'ai mal là. Je souffre parce que tu penses de cette manière et cette pensée engendre une dysharmonie ». Voici ce qui crée un faisceau d'énergie venant se blottir sur une articulation, une veine ou toute autre chose. Et quand il vous faut déloger cette énergie mal qualifiée, il n'y a que ce que vous appelez la maladie pour permettre à ce corps de se libérer.

Ainsi, votre corps vous parle toujours : « Vois-tu, cette nourriture ne me convient pas, cette alimentation est trop grasse, trop acide ou déséquilibrée. » ou encore « Je n'ai pas suffisamment d'eau, tu ne m'en apportes pas assez ou alors trop ! ». Le corps vous parle en permanence ; est-ce que vous l'écoutez ?
Si vous ne commencez pas à installer la paix entre le corps, son dialogue et vous, vous ne pouvez pas aller plus loin dans la Paix. Ne vous faites surtout pas d'illusion. Il est bien beau de vouloir s'élever dans l'esprit, dans *la lumière*, d'élever son esprit à je ne sais quoi ! Mais vous faites fausse route. Vous parlez d'ascension, de beaucoup de choses et vous ne faites pas le bon geste au bon moment. Et le bon geste au bon moment, c'est de vous asseoir et d'écouter votre corps ! Il est fatigué : reposez-vous ! Il a besoin de manger : donnez-lui sa nourriture ! Il vous dit que ce que vous faites ne lui correspond pas : écoutez, changez ! À ce moment-là, vous aurez franchi la première marche sur cet escalier qui vous amène dans l'ascension. Il commence par une marche. Et l'ascension va débuter justement par l'amour que vous prodiguerez à votre corps.

Dans tous les livres déjà écrits et ceux qui vont paraître, je vous parle toujours de l'essentiel.
Oh ! Je vais vous emmener très haut afin que votre esprit reçoive la nourriture dont il a besoin. Puis je vous ramènerai dans des sphères intermédiaires où votre âme se nourrira. Régulièrement, je vous ferai remettre les pieds sur la Terre parce qu'ils doivent y reposer, s'y ancrer. Vos pieds nourrissent votre corps par les énergies de la Terre Mère. Si vous n'ancrez pas d'abord votre corps à la Terre, vous ne pourrez pas commencer votre ascension. Il ne sera plus question de pénétrer la quatrième dimension, la cinquième, la sixième ou une autre ! Pourtant, je vous le signale : vous êtes très près de la quatrième dimension.

Mais cette quatrième dimension, qu'est-ce que c'est ? Quelque chose de bien solide, une réalité tangible et vous devrez mener votre corps de la troisième dimension dans la quatrième. Il n'est pas question de laisser votre véhicule physique derrière. Ce n'est pas un sac que l'on prend et que l'on jette ! Ce n'est pas un objet de consommation. On vous a prêté un corps, construit un temple ; à vous de le respecter, de l'habiter et de l'aimer. Si vous voulez recevoir un jour un temple plus beau, commencez déjà à faire attention à ce que l'on vous a donné ! C'est un cadeau immense, inestimable !

Et des milliards et des milliards d'étincelles de Vie attendent pour recevoir ce cadeau suprême. Vous qui l'avez reçu, qu'en faites-vous ? Vous le bafouez à longueur de journée. Cela commence lorsque vous faites vos provisions. En effet, quand vous tendez la main pour acheter de quoi nourrir votre corps, quel est ce geste ? Vers quoi se tend t-elle ? Est-ce que vous avez accordé un instant de réflexion à *ce produit* ? Avez-vous regardé si sa composition comporte un organisme génétiquement modifié ? Avez-vous constaté s'il est exempt de ces additifs qui ne font que cacher le vide et les altérations que l'on essaye de vous faire consommer ? Il s'agit bien de cela puisque l'alimentation que l'on vend aujourd'hui est dénaturée pour les trois quarts et l'énergie est déstructurée avant même d'arriver dans vos assiettes ! Je sais, j'emploie des mots qui sont difficiles et vous me direz : « Quand j'achète un paquet de pâtes, ce n'est tout de même pas du vent ! » Eh bien si, en énergie, c'est bien cela. Qu'offrez-vous à votre corps ? Rien, du vent ; pire d'ailleurs ! Parce que le vent nourrit et il respecte la Vie. Tandis que cette énergie est tellement dénaturée qu'en pénétrant votre corps, elle crée une dysharmonie, un conflit. Et votre corps, au lieu de se nourrir, doit se battre contre un élément étranger qui n'a aucune base harmonieuse de la Vie.

Sa structure géométrique n'entre dans aucun cadre de la géométrie sacrée de la Vie.
La Paix commence aussi par son assiette ! Oui, c'est vrai ! Vous me ferez remarquer que même les aliments biologiques ne sont pas tout à fait exempts de produits venant d'un champ voisin ou d'une contamination aérienne. Seulement, vous oubliez une chose : votre corps est intelligent, et vous émettez une pensée en tendant votre main pour acheter un produit le plus sain possible ; votre esprit, votre âme, votre corps l'enregistrent et peuvent en association tous les trois (corps, âme et esprit) travailler sur la structure géométrique de l'aliment. Ainsi, ce qui n'est pas tout à fait acceptable est déjà digéré par avance avant même de pénétrer dans votre corps.
Ne l'oubliez pas :

L'intention est un outil extraordinaire ! Votre Paix commence par l'intention.

Quelle est votre intention vis-à-vis de vous-même ?
Avez-vous songé un instant au devenir de votre vie ?

Vous allez me répondre : « Par les temps qui courent, on n'a plus le temps de penser ! On n'a même plus le loisir de s'asseoir et de réfléchir ! On est dans un système de productivité ; on nous demande d'être rentables ! »
Et votre intention est-elle d'être rentable ? Où se place-t-elle ? Vouloir faire plaisir à tout prix, oublier que vous pouvez penser et être … L'intention est votre plus belle force ; elle ne fera pas de bruit, ne tuera pas si vous la qualifiez correctement (car on peut tuer quelqu'un par l'intention).
Je voulais mettre l'accent sur vos pouvoirs intérieurs. Vous avez tous les mêmes pouvoirs, pas plus ni moins. Seulement, vous avez oublié l'accès à vos pouvoirs et quand on regarde votre aura, on découvre généralement une grande

cacophonie puisque chacun de vos corps vit indépendamment de l'autre. Vous avez oublié de créer l'unité entre chacun d'eux, d'ouvrir les portes et de demander à tous vos corps subtils de travailler main dans la main avec votre corps physique. Vous ne signalez pas à votre corps physique qu'il doit écouter vos corps subtils.
Vous avez simplement oublié que vous étiez vivants ! Vous savez : VIVANT ; vivant c'est penser, ressentir, agir, c'est décider, s'interroger, mais correctement ! *Aujourd'hui, où en suis-je ? Comment je me situe ? Quelle est ma volonté, mon but ? Est-ce que je suis bien dans cette trajectoire ? Qu'est-ce qui m'empêche d'*être *dans cette trajectoire ?*
Bon, j'ai fait le bilan. Mon travail ne me plait pas, j'ai une vie privée qui ne me convient guère. Je suis fatigué, comment faire ?
Comment faites-vous ? Mais vous n'êtes pas seuls !
Quand vous êtes nés, on vous a attribué un couple d'Anges : un Ange de la Lumière, un Ange de l'Ombre. Puis on vous a octroyé un guide et vous avez régulièrement des êtres de lumière qui viennent vous visiter pour vous permettre de passer plus ou moins rapidement d'un état de conscience à un autre. Ils repartent ensuite et laissent la place à quelqu'un d'autre. Vous n'êtes donc pas seuls ! Il y a tous les Maîtres que vous connaissez, et tous ceux qui viennent aujourd'hui ; cela fait beaucoup de monde ! Pourtant, est-ce que vous mettez la main dans la main de tous ces êtres de lumière ?
Commencerez-vous à entamer ce partage et ce dialogue : « Voilà, j'ai fait ce constat, je ne sais pas ce qui est le meilleur pour moi, mais j'ai réalisé mon bilan. Comme je n'ai pas la vision de ce qui est bon pour moi, toi, mon Ange, mon Guide, je te demande de m'aider ! Ce travail ne me convient pas, je ne sais pas pourquoi. Peux-tu intervenir pour que cette activité devienne quelque chose d'agréable ou puis-je pénétrer un autre espace. Voilà, je dépose cette volonté ! Je te la remets. »

Si vous faites cela en conscience, la lumière répondra et elle le fera assurément. La réponse viendra peut-être d'un côté que vous n'attendez pas, mais quelle importance, vous aurez la réponse et votre vie changera !
Être partenaire de la Vie, c'est commencer à installer la Paix en soi.
La Vie, ce n'est pas vous en incarnation dans ce corps de chair, oubliés et délaissés sur une petite planète au fond de ce grand Univers. La Vie Mère sait parfaitement où tous ses enfants de lumière reposent. Elle est là, écoute, et elle interviendra parce que son plaisir est de vous sentir heureux, épanouis.

Dans mon cinquième livre, j'ai indiqué que les expériences que vous deviez vivre dans le temps de cette incarnation et qui devraient vous ouvrir un espace de conscience supérieure, en les mettant bout à bout, prendraient un temps de petites épreuves demandant huit jours de votre système. Huit jours de votre existence, pas plus ! Terrible ! C'est terrible d'entendre que tout ce qui m'a été proposé de vivre ne demande en temps qu'une huitaine de jours. Qu'est-ce que j'ai bien pu faire pour que ces huit jours ressemblent à cette galère depuis que je suis né ? Car, en vous regardant, on a vraiment l'impression que vous ramez dans une galère pitoyable. Nous en sommes médusés ! Oui, on s'attend à tout avec vous ! Huit jours que vous avez transformés en dizaines de vie, d'épreuves. Nous avons parfaitement conscience de la douleur qui vous habite. Nous savons combien vous souffrez ! Mais nous ne pouvons pas intervenir puisque c'est vous qui avez autorité sur votre vie en incarnation.
Nous, nous avons tout simplement étudié une trajectoire où se détachent des rencontres importantes. Mais pour ces carrefours, nous avons déposé en vous les énergies pour vous permettre d'enclencher dans la compréhension à

l'instant même où vous les vivriez. Mais voilà, quand on vous regarde : vous êtes attachés à vos systèmes de pensée qui ne vous donnent aucune satisfaction, comme à cette alimentation dénaturant la santé de votre corps, comme au fonctionnement de la vie que vous menez et qui ne vous apporte pas grande satisfaction.

Un jour, il faudra quand même que vous nous expliquiez où est votre plaisir ; parce que vous devez bien ressentir un plaisir tout de même ! Sinon, vous laisseriez cela derrière vous et changeriez d'attitude, mais puisque tel n'est pas le cas, cela veut dire que vous avez du plaisir. Alors, il faudra que vous nous instruisiez sur cette forme de plaisir que vous éprouvez ! Parce que nous, on ne comprend pas toujours. Ce qui devait être une simple rencontre se transforme parfois en tragédie. C'est votre droit, mais sachez que si votre vie ne vous plaît pas, qu'elle ne vous apporte pas ce que vous voulez, vous êtes les créateurs.

Nous, nous avons déposé à votre naissance un quota de plaisirs et de joies, un quota de réalisation et d'épanouissement qui dépasse de très loin toutes vos espérances. Tout cela est déposé à l'intérieur de vos cellules, tout un potentiel. Quand vous revenez de l'autre côté, eh bien, on retrouve tout intact ! C'est à peine touché, pas dénaturé ! Mystère, mystère de la Vie, mystère de votre vie …

Et le rire, oh la ! N'en parlons pas. Pourtant, vous savez, le rire est source de paix.

Cela désamorce les conflits et permet d'installer une grande joie, une plénitude dans un groupe. Cela permet aussi de recevoir une qualité d'énergie qui nourrit le corps, l'âme et l'esprit. À croire que vous préférez ne rien recevoir. Nous, nous pensons que vous avez totalement oublié le sens du rire durant l'incarnation, et que vous estimez que c'est quelque chose de *noir*. Vous savez, je crois que certains disent même que ce sont des énergies de *Satan* ! N'est-ce pas un peu ça ?

Triste, non! Vous avez à portée de la main quelque chose qui ne se paye pas, ne se monnaye pas : c'est le RIRE, source vitale de régénération, de plaisir et d'épanouissement. Chut ! On va le laissez dormir. Tant pis pour la paix qu'il peut apporter. On le met de côté ; et voilà encore une marche que vous ne gravirez pas.
Cette ascension, qu'est-ce que c'est ? Retrouver une à une ces marches avec leur potentiel ; ces marches qui vont ouvrir votre cœur, dilater vos cellules. Alors la Paix, c'est un état d'être, mais celui-ci renferme beaucoup de choses. Chantez-vous ? Est-ce que vous vous réveillez en chantant ? Est-ce que vous osez encore chanter ? Un peu, pas du tout ; vous n'osez pas faire trop de bruit pour ne pas vous réveiller, et surtout ne pas réveiller la Vie. Là aussi, le rire est source de paix.

Votre planète est entourée d'une cacophonie. Il fut un temps où les grands Sages savaient pertinemment que le chant engendrait une harmonie et rétablissait les courants d'énergies autour de la planète. Alors, ces grands Sages, les grands Prêtres communiaient entre eux et décidaient quelle était la chanson ou la symphonie qui serait émise par plusieurs points de la Terre. Et la planète n'entendait qu'un seul morceau de musique, une seule chanson. Aujourd'hui, votre Terre souffre de cette cacophonie. Ne plus chanter, c'est grave, mais émettre des milliers et des milliers, voire même des milliards de chansons à chaque seconde s'entrechoquant les unes avec les autres, cela n'aide pas à installer la paix ! Si seulement vous pouviez vous souvenir que la chanson représente une énergie et qu'elle engendre la Paix. Vous pourriez au moins vous regrouper et choisir vos morceaux ! Ou tout simplement entonner *l'Hymne à la Joie* car, rendez-vous compte, il existe un hymne à la Joie ! Comme par hasard, c'est l'hymne de l'Europe qui tente de

se construire, et c'est bien en Europe que la Paix du Ciel va descendre.
Par l'Europe, la Paix s'installera et rayonnera. Par l'Europe, une nouvelle identité planétaire émergera. Je dis par l'Europe, mais je vois combien …, vous aimeriez que je dise *en France* ! Je sais que votre terre serait contente, mais si la France a un grand rôle à jouer en Europe, je veux englober aussi tous les autres pays puisque ce qui se passe en France va rayonner sur les pays voisins. Vous avez essayé de faire tomber les frontières, cela est bien. Oh, ce n'est que le balbutiement de ce qui va émerger de tout cela. Et ce qui va naître en France adombrera les autres pays d'une qualité d'être qui parcourra toute la planète ! Mais comme l'Europe essaye de se construire tant bien que mal, nous déposons des énergies de Paix pour qu'elle puisse enfin émettre une même voix, une même direction.

Si vous le voulez bien, allons plus loin.
Depuis tout temps, dès les premières secondes de sa création, la terre de la France a reçu un dépôt. reposant en un endroit bien particulier. La France essaye malgré tout de garder la beauté comme assise. C'est une véritable assise, la beauté ! La Beauté, c'est un rayonnement et de la Paix. Voilà que le dépôt, qui fut jadis entreposé dans les premières cellules créant ce pays nommé aujourd'hui France, est en train de se réveiller. Je vais vous dire pourquoi.
Il y a fort peu de temps, *la Mère cosmique* s'est installée en France. La Mère cosmique, c'est l'énergie féminine primordiale. Il y a une chaîne de Mères qui lui a permis de descendre jusqu'à votre planète. Cela veut dire qu'il y a un être sur votre planète qui accueille les énergies de la Mère cosmique. Ces énergies féminines portent un nom ; c'est un rôle, il faut bien le comprendre, un poste rayonnant et il répond au nom d'ISIS. Mais qui est l'Isis primordiale sur

votre planète ? C'est quelqu'un que vous connaissez bien. Vous savez : la mère d'un certain enfant, celle qui, il y a 2OOO ans, s'est offerte comme matrice pour accueillir un Être d'exception, celle que vous connaissez sous le nom de MARIE ! Ce nom de Marie est la déformation du mot *mère*. Depuis cette date, elle s'est préparée à ce rôle et a accueilli ces énergies primordiales. Maintenant, elle siège et rayonne depuis la France. Cela est déjà passé. La Mère primordiale ISIS a donc commencé son œuvre et a fait descendre le Feu cosmique, le Feu Sacré. Ce Feu sacré s'est installé dans les Pyrénées. Et Marie a déposé son ancienne identité pour épouser le voile d'Isis, qui est le voile de la Connaissance, le voile de l'Autorité.

Désormais, vous êtes des privilégiés, vous habitez la France ! Vous êtes dans l'entourage de la Mère cosmique, et étant dans l'entourage de la Mère cosmique, vous allez recevoir sa Paix ! Cela signifie aussi que vous devrez travailler plus que quelqu'un d'autre pour votre paix intérieure. Comme vous êtes français et qu'un grand nombre d'entre vous peuvent voyager, sortir des frontières de la France, vous emporterez les énergies de la Mère cosmique, sa Paix, sa Lumière et une partie du Feu Sacré.
Vous ÊTES français, c'est un privilège, mais vous travaillerez plus que les autres : rayonner sur vos voisins de droite, de gauche, d'en haut, d'en bas. Vous transporterez ces énergies. Vous avez choisi de venir et de vous incarner dans ce peuple français et vous saviez très bien dès l'origine que l'on vous en demanderait beaucoup. Voilà pourquoi la France essaye d'émettre aujourd'hui une parole un peu différente. C'est la parole de la France, mais c'est la parole de l'Europe. Quand cette parole de l'Europe circulera un peu plus loin, les énergies de Paix descendront non plus uniquement en France ou dans les pays limitrophes, mais également sur tous les autres. Vous devez comprendre qu'il

se passe des choses extraordinaires en ce moment. On vous avertit après, car c'est tellement important ce qui se joue actuellement que nous avons décidé de vous en parler plus tard.
Quand Marie s'est posée dans ce nouveau poste, elle a permis aux énergies féminines de descendre sur cette planète. Cela indique que la domination de l'énergie masculine est terminée. L'énergie guerrière n'a plus lieu d'être. Cela certifie qu'aujourd'hui vous avez encore des manifestations de l'énergie masculine déformée, mais que l'énergie féminine va rappeler tout doucement à l'ordre cette énergie masculine et lui dire qu'elle doit s'asseoir à ses côtés et rayonner la même qualité, la même intensité, la même pureté. L'énergie féminine qui est descendue et s'est ancrée oblige l'énergie masculine à se purifier. Vous tous êtes concernés, homme ou femme, quelle importance ! Vous portez en vous une partie de l'énergie masculine et une partie de l'énergie féminine. L'énergie féminine, vous l'avez muselée, mais c'est terminé maintenant, elle va s'exprimer ! L'énergie masculine a débordé d'énergie, de vitalité, c'est terminé. Le Grand Constructeur, le Sans-Nom a émis ce décret. Il a donné plein pouvoir à l'énergie féminine et rappelle à l'ordre l'énergie masculine. C'est bien cela qui va se produire.
La Paix sera l'équilibre entre l'énergie féminine et l'énergie masculine, car il n'est pas question de museler l'énergie masculine ! Il est question de lui rappeler que son rôle n'est pas ce qu'elle fait jusqu'à présent et que la guerre est l'antithèse de la Paix. C'est lui rappeler que si elle a régné depuis de longs siècles, imposant sa loi, sa virulence, c'est vraiment terminé. Il n'est plus question de brûler, de décapiter, ou de retirer la vie sous une forme ou une autre, comme à des femmes ou des hommes osant laisser l'énergie féminine parler. Il n'est plus question de guerre de religions. Il n'est plus question de guerre tout court, plus question de

museler, de voiler la vérité. Il est question de partage, d'amour, de respect. Il est question de s'asseoir l'un à côté de l'autre, c'est-à-dire que l'énergie féminine et l'énergie masculine s'assoient ensemble et se parlent. Là aussi, quand on examine vos vies, nous nous apercevons que bien souvent, vous n'autorisez pas le dialogue entre l'énergie féminine et l'énergie masculine.

Vous voulez toujours PARAÎTRE et non ÊTRE. Ou alors, vous voulez être et vous oubliez qu'il faut aussi prendre soin du corps. Il y a le déséquilibre de l'énergie féminine et celui de l'énergie masculine, et vous serez amenés à regarder les deux. Vous allez fluctuer pendant un petit moment entre ce que vous connaissez et qui vous a rassurés jusqu'ici et cette énergie que vous ne connaissez pas, que vous pressentez : l'énergie féminine véritable. Eh bien, c'est elle, l'énergie féminine qui est la porte de tous vos pouvoirs intérieurs, de tous vos dons.

L'énergie féminine est délicatesse, certes, mais elle est aussi force. Ne vous trompez pas ! Quand l'énergie féminine commencera à parler, elle ne sera pas doucereuse. Elle va trancher, car l'épée de lumière repose également dans l'énergie féminine.

L'énergie féminine, c'est la Connaissance et qui dit Connaissance dit le Verbe acéré. Cela veut dire que l'énergie féminine utilisera autant le NON que le OUI.

Vous devez comprendre que vous vous avancez vers un inconnu parce que vous n'osez pas dire NON. Bien souvent, vous avez peur de décevoir, de faire de la peine ; vous vous trompez ! Quand vous n'osez pas, vous laissez le champ libre à votre vis-à-vis d'émettre des suggestions sur ce silence. Sur cet espace que vous n'avez pas occupé, lui va s'imbriquer ; il va y descendre, s'y installer et vous y serez piégé. Ainsi, ce NON ou ce OUI qui aurait pu être facile va devenir une expérience douloureuse. Parce que ce NON aurait pu être prononcé en quelques secondes ! Pour pouvoir

le dire au moment où il vous sera demandé, vous entrerez dans une succession d'épreuves afin de comprendre ce que vous n'avez pas compris. Et voilà comment de huit jours on passe à des dizaines et des dizaines d'années d'épreuves !
Vous devez comprendre que le OUI, l'énergie féminine, le NON, représentent la même entité, c'est-à-dire que l'énergie féminine est UN et qu'elle peut utiliser la force comme l'énergie masculine. Il vous faudra donc faire la paix avec l'utilisation du NON et du OUI, soit faire la paix avec le Verbe.

Je m'étais promise d'emmener les hommes et les femmes qui accepteraient de m'écouter dans un voyage intérieur, dans un voyage de Paix. Toutefois, pour pouvoir parler de Paix, je dois aborder avant tout ce qui ne va pas, vos incompréhensions, vos erreurs ! Et je me conforme parfaitement à la nouveauté de l'énergie féminine qui va trancher et qui soulignera ce qui vous convient ou non. Non pas pour vous imposer une ligne de Vie, mais vous permettre de retrouver votre centre, votre paix.
N'en doutez pas, vous avez eu l'extrême joie d'expérimenter le libre-arbitre. Tout ce qui vous a passé par la tête en incarnation vous a été autorisé. Cette expérience se termine et nous allons vous rappeler rapidement qu'il y a des Lois divines, des lois d'expression, des lois d'équilibre et qu'elles portent deux noms : énergie féminine, énergie masculine !
Il est temps de comprendre qu'un jour, sur le grand théâtre de la Vie, le Sans-Nom, le Grand Constructeur, a mis à votre disposition Son énergie, Sa Vie. Comme tout cela est d'une telle profondeur, Il vous a permis d'approfondir Sa vision de la Vie sur deux polarités, sur deux champs d'expérience, ce que vous appelez la dualité. Et la dualité, ce n'est uniquement que les visages de l'énergie masculine et de l'énergie féminine. Comme vous allez marier ces deux

énergies, vous retrouverez le visage du Sans-Nom unifié ; vous passerez du 2 au 1. Car il a été divisé ce qu'il n'est pas possible de diviser. On vous a permis d'expérimenter, d'approfondir l'identité du Sans-Nom par deux voies distinctes et, dans chacune, il y a l'équilibre et le déséquilibre, le trop peu et le trop débordant. Il vous faudra travailler ce point d'équilibre et dans l'énergie masculine et dans l'énergie féminine. Quand vous trouverez ces deux points, vous irez au centre et vous serez redevenus les grands maîtres que vous avez toujours été. Vous aurez retrouvé votre visage, votre lumière. Mais je tiens à vous avertir : ne croyez pas, dans cette expérience de l'équilibre et du retour au centre, que vous quitterez votre corps et revêtirez un corps de lumière *à faire pâmer* les hommes ou les femmes. Vous garderez CE corps, car nous avons de grandes ambitions pour vous. Les portes qui s'entrouvrent, c'est bien pour vous permettre de ressentir l'équilibre et la paix dans CE corps et pas dans un autre. La grande mission des êtres qui se sont incarnés ici était bien d'épouser un corps terrestre quel qu'il soit et d'émettre cette Paix divine.

J'ai au cours de tous mes *channelings*, ces conférences publiques, pris l'habitude d'inviter des Êtres de lumière. Il n'est pas question que vous ne bénéficiez pas aujourd'hui de ces visites. Comme à l'accoutumée, vos anges, vos guides sont là. Et j'ai invité les grands Maîtres de Sagesse, ceux qui ont accès à ces couloirs d'énergie et qui peuvent actionner l'une ou l'autre des facettes de l'identité cosmique. Ces Maîtres de Sagesse, et ils sont nombreux, sont installés tout autour de cette salle.
Je vais demander à tous ceux qui tiennent des stylos, de les déposer et, si vous le voulez bien, de ressentir cette lumière qu'ils vont émettre à présent.
De leur cœur partira un rayon qui s'installera en votre cœur. Ils vont déposer une qualité de Sagesse qui viendra vous

permettre d'émettre la Paix. Cette Terre a besoin de paix, mais pour qu'elle règne, il faut que la sagesse descende en chacun. Oh ! Ne faites pas d'efforts particuliers, recevez puisqu'ils émettent maintenant. Et au cœur même de cette salle, une boule de lumière se crée ; elle est autant issue de vous que des maîtres, des guides et des anges. Cette sphère est en train de se remplir de Sagesse. Je vous demande de vous prendre la main les uns les autres : donnez-vous la main puis regagnez le silence intérieur. Vous êtes tous, hommes et femmes dans cette pièce ou à l'extérieur, les maillons d'une grande chaîne humaine que l'on appelle *humanité* ! Voyez-vous, en vous donnant la main, vous permettez à l'Amour de circuler. Tout doucement, la boule de lumière créée autant par vous que par les maîtres, les guides et les anges va s'élever. J'aimerais que vous l'accompagniez en conscience. Si vous le voulez, vous pouvez y déposer une tonalité spéciale pour la Paix. Qui va vouloir travailler pour la paix de la planète entière ? Qui le fera pour un endroit particulier ? Mais remplissons cette boule de lumière afin que la Paix devienne un mouvement et engendre la Vie. Maintenant, toujours en conscience, soufflez pour que cette sphère s'en aille et parcourt toute la planète et déverse ces pensées, ces germes d'esprit.
On peut travailler de différentes façons pour la Paix ; certaines personnes seront plus actives en descendant dans la rue et en émettant un son et il nous faut ces personnes. Mais dans le silence de votre être, vous pouvez travailler concrètement à la Paix de cette manière.

Les Maîtres de Sagesse dans cette salle vont parcourir la planète en se donnant la main comme vous êtes en train de le faire. Ils connaissent l'importance de ce geste. Ils savent qu'ils vont construire une ligne de lumière puisqu'ils seront en syntonie et, quand ils survoleront cette chère planète, ils déposeront des semences de Paix et de Sagesse. Ils le feront

parce que je l'ai demandé, parce qu'ISIS l'a ordonné et qu'en ce jour, des hommes et des femmes manifestent pour la Paix.
Maintenant, que chacun d'entre vous émette de la paix et de l'amour pour son voisin ; faites-le passer dans cette main qui vous unis. Soyez actifs vous aussi ! Et si vous le voulez bien, allons encore un peu plus loin. Vous formez des chaînes puisque vous vous êtes donné la main, alors imaginez en conscience que vous faites le tour de cette planète et, comme les Maîtres, vous pouvez déposer des germes de Paix, d'Amour. Si tel est votre souhait, vous pouvez participer activement à cet ensemencement de Paix et d'Amour pour cette planète, car dans le ciel, nous faisons descendre aujourd'hui des milliards et des milliards de semences de Paix, d'Amour et de Sagesse pour votre belle Terre. Il n'est pas question de vous laisser travailler tous seuls ! Vous devez comprendre que lorsque vous faites un pas, nous en faisons des milliers pour vous épauler. Quand vous osez nous appeler et dire : « Attention, cette situation va trop loin, vous ne ressentez pas ce que nous ressentons dans la chair, mais il est temps d'alléger ce processus. » Nous répondons ! Nous examinons votre demande, sa justesse et nous nous faisons un plaisir de déposer les germes que vous avez réclamés. Et maintenant, voyez tous ces petits germes de Paix déposés grandir et former des fleurs. Regardez ces milliards de petites fleurs en train de recouvrir votre planète, regardez comme elle devient un champ de fleurs, sentez ce rayonnement nouveau !

Vous avez participé grandement à l'ensemencement de la Paix sur la Terre. C'est le cadeau que je voulais vous faire ; c'est le cadeau que tous les Maîtres de Sagesse souhaitaient déposer en vous, pour vous faire comprendre qu'en vous réunissant par petits groupes dans le silence, à deux, à trois, à dix, à cent, vous pouvez créer de grands instants.

Le groupe SORIA va travailler activement ; aussi, si vous souhaitez exercer encore votre pouvoir de création pour la Paix, il suffira de nous appeler et nous répondrons. Quand le moment que vous aurez choisi pour ensemencer la Terre aura lieu, nous serons à côté de vous dans la pièce ; nous viendrons peut être seuls, ou sûrement accompagnés.

Avant que vous lâchiez vos mains, pensez à offrir l'équilibre de l'énergie féminine et de l'énergie masculine à votre voisin ; faites-vous ce cadeau ! Pensez que vous avez le droit de vous faire des cadeaux. Pensez que vous avez le droit d'être heureux. Pensez que vous êtes des créateurs et pensez que les créateurs qui ne se sont pas incarnés sont à votre écoute.

Nous sommes dans une période d'installation de la Paix, aussi, je vous invite tous à partir de maintenant à créer des espaces entre vous, entre amis ou en groupe plus important, pour appeler la Paix et pour émettre la Paix. Quand vous les créerez, osez parler entre vous et échanger quelques mots sur ce qui ne vous permet pas d'être en paix. Réinstallez le dialogue, le partage, la communion, nous serons parmi vous. Depuis l'année 2002, nous travaillons pour la Paix.
Et dans toutes mes conférences, je vous invite à œuvrer pour la Paix.

Mes frères et mes sœurs, je vais vous quitter, car l'heure est venue pour moi de me retirer.
Cet échange de paix et de fraternité durera dans les heures et les jours suivants. Je demande à un Maître de Sagesse de vous accompagner pendant 48 heures et au couple d'anges qui vous suit, l'Ange de la Lumière et celui de l'Ombre, de vous diffuser de l'Amour.

Je demande à votre guide d'aplanir le chemin devant vos pieds afin que vous ressentiez le changement de l'énergie. Sachez que toute la puissance de la Création repose en vous.

La joie est un moteur, le rire est un moteur, la nourriture est un moteur, la pensée est un moteur. Mais, en fin de compte, il n'y en a qu'un, c'est le moteur de l'Amour et de la Paix !
Vivez la Paix en vous, vivez l'Amour en vous, et que ces instants partagés avec des personnes que vous ne connaissiez pas vous apportent cette ouverture de la fraternité, cette conscience.
Comprenez qu'il n'y a finalement qu'une seule fraternité qui englobe toutes les formes de Vie, ici et ailleurs. Vous êtes tous frères et sœurs ! Frères et sœurs de Lumière, frères et sœurs d'Amour, frères et sœurs de Paix ! Avant de vous dire au-revoir, reprenez conscience de ce que vous êtes : un enfant de lumière qui aime et qui émet la Paix !
Quant à moi, je dépose au plus profond de vous toute la Paix qui m'accompagne, le regard qui embrase le devenir de cette planète et de tous les Super-Univers.
Je dépose cette Paix en vous.

4

Une raison de faire la paix

Vous n'êtes pas à l'extérieur de nos énergies mais bien à l'intérieur, au sein même de notre réalité, de ce que nous sommes et nous sommes la Paix !
La Paix, espace où notre pensée a laissé le pas à l'expression du cœur, de la lumière. C'est là que nous vous invitons : à l'intérieur de vous-même, dans votre cœur où existe cet espace de tranquillité, de paix. Et cette paix, qu'est-ce ? Pour prendre une image, cela ressemble à un lac sans ride où le vent ne trouble pas les eaux, où la force du soleil ne viendra pas non plus en changer le visage et, même si la Terre s'exprime, la surface restera toujours aussi calme, tranquille.
Eh bien, je vous invite à glisser dans ce lac qui est en vous, a toujours été là et attend votre visite. Oui, je le sais, la méditation est un pas difficile pour beaucoup et d'ailleurs, comment méditer ? C'est le mot, le pas qui vous rebute : *LA MEDITATION*.
Ce que j'aime faire dans les espaces où je vous accueille en plus petit nombre, c'est offrir des méditations guidées pour que votre mental n'ait justement plus à travailler ni à chercher à être, et à vous procurer un espace où vous pouvez simplement *être*. Au fil de la voix, vous glissez sur mes mots. Pourtant, je ne suis pas toujours à l'intérieur de votre espace, c'est-à-dire dans votre intimité puisque vous ne m'entendez pas tous.
Je tiens à vous souligner qu'il est facile de glisser dans ce lac intime, il faut juste faire le silence. C'est souvent l'exercice le plus difficile et le plus délicat quand on

débute : faire le silence ! Comment arrêter ce mental de fonctionner ? Pour beaucoup, je vous vois vous agiter et partir en guerre contre lui : "Mais tais-toi, laisse-moi en paix !" Plus vous lui direz cela et plus il se révoltera. En faisant de votre mental un partenaire et si vous lui parlez comme tel, il se calmera progressivement parce qu'il se saura écouté, respecté et honoré. Dites-lui donc : «J'ai besoin d'avoir un espace où tu me laisses vivre autre chose, tu reviendras après. Pendant ce temps, j'aimerais que tu m'offres le silence». Cela ne sera pas vraiment facile au commencement puis, si vous vous appliquez à lui parler, vous verrez qu'il vous écoutera ; la paix dans votre mental viendra et vous trouverez le silence.

Si je vous invite à descendre à l'intérieur de vous, dans ce silence, c'est qu'il y a un très grand rendez-vous. Un rendez-vous avec ce que vous êtes, avec cette lumière qui attend d'être visitée. En vous conviant à l'intérieur de cet espace, je ne vous demande pas d'y demeurer longtemps, mais de le visiter deux ou cinq minutes par jour. Si vous parvenez à avoir cinq minutes de paix avec votre mental ! Puis, quand vous reviendrez à la réalité externe de vos instants, ne faites pas la scission entre cette visite à l'intérieur du plus profond de votre être avec cet extérieur. Voyez-vous, l'extérieur, c'est votre outil de travail. Ce travail, en réalité, n'est qu'une invitation à redécouvrir qui vous êtes, à quel niveau d'expression vous en êtes rendus. Comment réagissez-vous devant une situation appelant l'affectif ? Comment votre mental, quand il n'est pas maîtrisé, vous emmène-t-il dans des impasses ? L'extérieur sert à cela, c'est un miroir pour que vous puissiez vous reconnaître.

J'aimerais, en parlant de Paix, que vous fassiez la paix avec votre vie au quotidien. Cette paix au quotidien qui est le martyr d'une grande partie de cette humanité, "J'aspire à rentrer chez moi, à retrouver ma personnalité, ma lumière et je n'en veux plus de cette vie. Elle ne m'offre plus cet espace qui me réjouit !" Plus vous parlerez comme ça et plus vous allez donner du poids à votre dualité. Car votre quotidien est votre trame de Vie, VOTRE VIE tout simplement.

Lorsque vous avez choisi de vous réincarner, de revisiter cette planète, vous saviez fort bien dans quelle mélasse vous alliez vous plonger, que la lumière n'était pas installée et que là-bas, au fond de cet espace de l'Univers, la dualité était fort présente, mais ô combien ! Vous êtes venus nous voir : «JE VEUX Y ALLER, parce que je sais que nous avons un rendez-vous important et que je peux réussir, alors je veux y aller !» Pour certains, vous avez eu l'autorisation, … la preuve, vous êtes là ! Pour d'autres, ils sont encore de l'autre côté du voile à attendre de la recevoir et s'impatientent, car ils savent qu'ils perdent une certaine énergie. Savez-vous ce qu'est cette énergie ? C'est ce rendez-vous pour lequel vous avez tant souhaité arriver ici : le retour des énergies de Vie, des énergies Primordiales, et vous êtes venus pour les accueillir, rien d'autre. Ensuite, on a choisi de meubler un peu cette trame pour que certaines compréhensions qui vous manquaient puissent être acquises en même temps. Mais LE grand rendez-vous, c'est avec ce qui se passe en ce moment. Vous avez la chance d'être conscients et de participer à ce réveil. Pourtant, cela ne vous donne pas le droit de rejeter tous ces êtres qui vivent, eux, sans être éveillés, sans en avoir conscience. Car pour que vous puissiez vivre cet éveil, il fallait qu'un autre groupe accepte de ne pas se réveiller ; parce que la dualité se trouve là. Si la lumière s'éveille, il faut un contrepoids agissant.

Oui, c'est un peu lourd ; oui, il y a des guerres et encore des êtres qui se prennent pour Dieu ! Laissez-les faire, car ces vieilles énergies se terminent, mais tant qu'ils font cela, ils vous permettent de vous ancrer dans vos énergies. Ne ratez donc pas ce rendez-vous que vous avez avec vous-même, c'est maintenant.

C'est bien maintenant que vous pouvez installer la paix à l'intérieur de vous, car elle ne va pas s'établir à l'extérieur ! Pourquoi s'installerait-elle à l'extérieur puisque vous n'êtes pas capables de faire la paix avec votre vie ?
Au quotidien, vous vous levez très tôt le matin et quand vous vous couchez, vous êtes peut-être fatigués, éreintés. Vous n'avez souvent qu'une heure ou deux dans la journée pour penser à cet état de *spiritualité*, et c'est là où vous faites erreur, car il n'y a pas de différence entre votre quotidien et ces moments d'élévation où votre esprit vous rappelle qu'il faut regarder au-dessus. Vous devez comprendre que votre quotidien ***est*** le monde *spirituel* au même titre que cette lumière que vous recherchez. Voyez-vous, quand vous émettez le désir de descendre vivre à la surface de sa réalité, cette Terre dans sa matrice se sépare de quelques atomes et vous construit ce corps que vous habiterez pour un temps. Et cette magie, car c'est bien de la magie, de la création à l'état pur, qu'est-ce sinon un état *spirituel* de haut niveau ! Rendez-vous compte : cette planète, à laquelle on n'accorde pas encore une vie établie, donne ses petites cellules, s'en sépare et fait un acte de création, elle donne Vie et permet à l'une de ses petites cellules d'accueillir l'esprit que vous êtes, cellule qui va grandir au sein d'une autre matrice.
La Terre Mère a passé le relais. Et vous, à l'intérieur de cette création, vous ne vivez pas en paix, vous êtes en guerre, en guerre contre tout. Il pleut, vous n'êtes pas contents ! Il fait chaud, vous vous plaignez ! Vous buvez de l'eau, elle n'est pas assez bonne ! Vous mangez un aliment, qu'est-ce donc ? Vous êtes trop gros, trop maigres, pas assez beaux, vous dites être *tordus*, vous vous trouvez difformes et puis, vous ne trouvez pas les vêtements qui vous conviennent, … parce que vous voulez paraître. Comme vous voulez paraître, lorsque vous trouvez les vêtements qui vous plaisent, vous ne vous trouvez toujours pas bien

dedans. Ensuite, vous êtes en guerre avec votre voisin parce qu'il fait trop de bruit ou qu'il n'a pas cet éveil et que vous ne pouvez pas échanger. Votre guerre, elle est au quotidien ! Oh, vous ne tuez pas ! Non, non, mais vous êtes en guerre dès que vous vous réveillez jusqu'à l'instant où vous vous endormez. Comment voulez-vous qu'à l'extérieur, il n'y ait pas de guerres ? Comment voulez-vous trouver l'amour et le respect de vous-même puisque vous ne donnez pas de l'amour et du respect à ceux que vous touchez du regard et à l'être que vous êtes !

La conscience d'être commence là, à l'intérieur de vous. Seulement après, regardez à l'extérieur ! Bien sûr, en ce moment, les aliments et l'eau sont dénaturés. C'est vrai que vous avez une part de responsabilité et que, dans cette notion, il est bon justement que vous émettiez un peu de respect en choisissant des produits le moins abîmé possible. Mais faites-le en paix ! Quand vous choisissez, ne râlez pas : «Ah ! C'est encore modifié ! Ah ! Il y a encore des pesticides !» Votre acte ne servirait plus à rien puisque vous ne l'avez pas fait dans l'amour ni dans le respect. Choisissez en paix ! Effectuez vos pas en paix et, à ce moment-là, la paix viendra vous visiter à l'intérieur de vous.

Si la pluie tombe, accueillez-la donc avec le sourire ; dites-lui merci parce qu'elle effectue un travail, celui de laver un peu toutes ces mémoires que vous avez su remuer ces derniers temps. Ainsi, elle vient nettoyer et enlever, elle emporte tout ce qu'elle peut. Remerciez-la ! Quand l'eau ne peut pas faire son oeuvre, le vent se soulève, car il faut balayer tout simplement votre aura et le vent peut aller dans toutes ces petites lumières, ces particules qui sont en mouvement autour de vous. Alors, s'il vous décoiffe, acceptez de l'être, faites-en un partenaire et non un ennemi. Et cela est valable avec le Soleil et la Terre. Puisque, souvenez-vous, à l'extérieur de vous, il y a l'Air, l'Eau, la Terre et le Feu, mais à l'intérieur de votre corps vivent aussi l'Air, l'Eau, la Terre et le Feu. Si vous êtes en guerre contre ces quatre éléments à l'extérieur, vous êtes en guerre contre vos quatre éléments dans votre corps ! Voilà un autre type de rejet et de guerre. Voici pourquoi la paix à l'intérieur de vous ne peut pas s'installer.

Pour créer ce temple dans lequel vous habitez, la Terre, l'Air, l'Eau et le Feu vont créer des particules pour qu'il prenne vie, pour que ce corps abrite l'être que vous êtes.

Là aussi, il y a une paix à faire, la paix de vous-même.

Ne cherchez pas de grands mots ni de grandes formules, revisitez votre regard. Vous savez, ce regard qui engendre une pensée et un sentiment ; allez les visiter !

Regardez vos regards, quand ils se posent sur un objet, un paysage, une fleur ou sur vous-même, comment ils engendrent une pensée et quel est le sentiment qui se réveille. Dans ce regard, installez de la paix ! Quand votre regard se pose sur une image, quelle qu'elle soit, dites-vous : "C'est LA VIE, et si la Vie a permis cela, c'est qu'il y a une raison et qu'elle est respectable. Ce que je vois, est-ce que c'est bon pour moi ou cela ne me concerne pas ?" Alors, vous aurez la juste attitude, car vous respecterez ce que vous rencontrerez à l'extérieur de vous et vous écouterez la Vie en vous posant la bonne question : "Est-ce que c'est pour moi ? Est-ce que j'ai quelque chose à accueillir ? Là, non ! Il n'y a pas de résonance, alors je respecte et je continue mon chemin." Peut-être que la Vie vous interpellera plusieurs fois de cette manière, des dizaines peut-être, voire plus pour que vous puissiez acquérir ce réflexe : qu'est-ce que j'ai à accueillir dans cette situation ? Quelle est la part qui me revient et celle qui ne me revient pas ?

Voici un grand débat ! Car, quand vous vous êtes confrontés à une situation particulière, soit vous vous êtes présenté comme une victime, soit vous êtes un menteur puisque vous savez alors tout et là, vous devenez le bourreau. C'est tellement facile dans ce jeu du passé de glisser de l'état de

victime à celui de bourreau et vous le faites à longueur de journée. Si vous voulez quitter ce jeu de personnalité qui a eu pleinement cours dans les énergies masculines, il vous faut poser les bonnes questions.
"Aujourd'hui, je rencontre cette situation, que réveille t-elle en moi ? Quelle est la part qui me revient directement ? Quelle est la part qui me revient indirectement ? Est-ce que cela soulève une réaction mentale, émotionnelle ou physique ? Pourquoi réagir de cette manière ?"
Puis enregistrez ce type de réaction et observez à quel rythme cette situation se représente avec cette réaction. Si vous faites cet exercice, vous allez quitter l'état de victime ou de bourreau. Puis, en continuant dans le temps, vous vous nourrirez de cette situation car là, il y a une expérience, une connaissance profonde de qui vous êtes, de comment vous réagissez, à quel moment vous réagissez, quittez votre maîtrise et ouvrez vos portes intérieures. Dans ces situations, il se glisse des tests. Des tests ! Qu'est-ce encore ?
Voyons : vous êtes entourés d'une foule d'êtres vivants, non pas ceux du monde physique et dense que vous connaissez, mais dans la densité subtile de notre réalité. Ils sont autour de vous et vous accompagnent. Et quelquefois, il faut voir où vous en êtes. Quel est votre progrès, quelles sont les compréhensions acquises et celles qui ne sont pas encore engrammées dans votre réalité. Ce sont les tests ! Savoir si vous allez encore glisser sur ces vieilles réactions ou si vous réagirez vite ; simplement pour savoir si la compréhension est acquise ou non.
Nous parvenons en plus dans une période où une fin de cycle est prononcée. Il est exact qu'en fin de cycle, les tests pleuvent à longueur de journée et prennent parfois des visages des plus inattendus. Et il existe aussi la fin d'une ère, comme en ce moment ; c'est encore autre chose ! Puisque vous n'êtes non plus interrogés sur les

compréhensions acquises dans cette présente vie, mais sur tout ce que vous avez saisi par le passé dans vos nombreuses incarnations, sur cette planète et ailleurs ! Et là, je vais vous révéler un grand secret : à tous les maîtres rencontrés par le passé, à tous ceux en poste actuellement et à tous ceux qui se présenteront après, à vos guides et vos anges gardiens, c'est-à-dire à tous ces êtres de lumière qui vous accompagnent et vous enseignent, je leur ai demandé de vous proposer en cette fin d'ère des circonstances pour faire sortir ce que vous avez savamment caché, enfoui sous des tonnes de voiles pour qu'on ne le voie pas.
Vous êtes transparents pour nous, … dommage ! Je vous le dis en confidence (mais je le répèterai, ne vous inquiétez pas) : j'ai demandé à tous ces êtres de vous glisser des situations que vous qualifiez je crois, *de peaux de banane* ! Il s'agira bien de cela. Parce que notre Univers, c'est-à-dire le vôtre, arrive à la fin d'un cycle qui lui est propre. Celle-ci survient dans une période où la Terre s'éveille et va donc quitter également un cycle. Puis, cela correspond à une fin de cycle de cette humanité. Nous accumulons plusieurs données. Cela fait beaucoup de choses et il faut savoir où nous allons placer tous les êtres qui forment cette humanité. Car il s'agit de leur donner leur bonne place, non pas celle qu'ils souhaitent ou que nous souhaitons, mais la place dans laquelle ils seront le mieux pour leur évolution à venir, tout au moins immédiate. Par conséquent, nous vous testons, nous allons même tester vos cellules au plus profond d'elles-mêmes. Tout ce que vous n'avez pas installé comme paix peut effectivement vous emmener, vous plonger dans des phases où vous devrez regarder de quelle manière vous réagissez avec votre quotidien. Votre voisin de palier, le chien qui traverse devant vous alors que vous souhaitez avancer rapidement, ou comment vous vous comportez quand un chat vient miauler sous votre fenêtre parce qu'il est en pleine saison des amours et que ce n'est pas toujours

agréable à vos oreilles ! Peut-être même que l'un des membres de votre famille va se rappeler à vous parce que lui aussi n'est pas bien et vous le dira. Est-ce que vous saurez l'écouter ou l'écouterez-vous trop ? Est-ce que vous allez le plaindre ? Tout cela représentera les tests. Mais, ce n'est pas parce que je vous avertis maintenant que vous serez mieux équipés lorsqu'ils se présenteront car, voyez-vous, je vais m'arranger pour que vous l'oubliiez ! Ce serait trop facile ! Et il y a des portes intérieures qui doivent s'ouvrir avec de nouveaux paysages, de nouvelles aventures. Vous n'allez pas déjà les polluer avec tout ce qui vous encombre dans les anciennes. Aussi, je vous conseille de quitter vos valises ; c'est bien que vous les déposiez, mais elles ont des poignées : lâchez-les, ce sera encore mieux ! Vous êtes tellement attachés à vos vieilles valises, c'est tellement confortable de traîner ce poids, vous avez l'impression de vivre avec tout cela !

Cette planète est appelée à s'ouvrir à une autre réalité d'elle-même. Comme elle s'éveillera à une dimension supérieure, l'humanité résidente doit s'aligner sur cette vibration qu'elle va découvrir et, par effet de résonance, découvrira la fréquence pour pouvoir rester à la surface de cette planète. Mais cette Terre a décidé de déposer toutes les énergies qui l'encombrent et a demandé l'aide nécessaire. Et comme elle l'a fait, sont déjà arrivées dans son aura des légions d'esprits réalisés, installés dans leur lumière et qui l'aideront à traverser cette période. Cela veut dire que si elle est entourée pour cette période, vous, vous recevrez la même aide. Puisque vous cherchez la paix, demandez à tous ces êtres qui sont présents de vous éclairer. C'est tellement plus facile d'avancer sur un chemin où une lumière vous montre les écueils. Demandez ! Parce que si vous ne demandez pas, vous ne pourrez recevoir !

Vos émotions ont été malmenées ; vous avez été fragilisés parce qu'on vous a emmenés dans des déviations de l'esprit et on essaye de vous faire croire que vous devez vous comporter d'une certaine manière et non d'une autre. Vous êtes tellement englués dans ces moules construits pour votre personnalité que vous ne savez pas comment en sortir. D'ailleurs, ces moules ont épousé entièrement votre forme d'être. Vous vous êtes habitués à cette présence et vous l'avez finalement oubliée. Comme vous vous êtes tellement bien installés dans ce moule et que vous l'avez banalisé, vous ne travaillez plus sur ce moule, le moule des sentiments. Et cette période est délicate, car elle ne vous laissera pas le temps d'explorer maintenant tout ce qu'il y a à explorer pour déposer ce qui vous gène. Nous avons donc décidé d'accélérer le Temps ; cela signifie que vos journées ne font plus vingt-quatre heures et que cela va encore se réduire. Parce qu'il vous faut aller à l'essentiel : vous rappeler votre partenariat avec vos Anges, vos Guides, la Confrérie galactique et universelle de lumière.

Si vous faites appel à nous, nous essayerons dans la mesure du possible de prendre une partie de ces énergies. Il vous suffira dans les mois à venir de reconnaître ce qui vous encombre et de demander à vous installer dans une nouvelle manière d'être.

Alors, je vous le dis, face à toutes les remontées égotiques qui ont lieu, ne vous attardez pas plus qu'il ne faut. Reconnaissez la part de responsabilité puis laissez couler l'énergie. Vous vous apercevrez qu'en deux ou trois jours il y aura une régulation de ces fluctuations. C'est le mieux que nous pouvons vous offrir. Mais je tiens à vous avertir que si jamais, au cours de ces remontées égotiques, vous vous installiez en elles au lieu qu'elles soient évacuées, vous allez à nouveau leur donner vie et vous vous y perdrez.

Ces temps ne vous permettent plus de vous attarder longtemps sur une situation, vous devez en comprendre l'essentiel puis passer à une autre. C'est là où votre partenariat avec la Vie va jouer. Et plus vous serez partenaires avec la Vie, plus vous traverserez facilement ces situations. En l'occurrence, si vous êtes dans une situation perdurant, dites-vous qu'il vaut mieux oublier, laisser passer et ne plus accorder autant d'importance à ce qui remonte.

Tout autour de vous, dans cette salle, vous avez tous vos Guides, vos Anges ; il y a des membres du Collectif SORIA – qui n'est pas moi : je ne fais pas partie du Collectif SORIA, je suis celle qui garde l'énergie SORIA, c'est différent –.

Aussi, si vous avez des choses à remettre à la Vie, si certaines attitudes vous gênent, je vous invite à les déposer, à vous dire "Je m'en sépare", et nous allons vous aider à vous en défaire, c'est notre cadeau.

L'énergie féminine revient ; l'énergie féminine vous invitera à reprendre votre pouvoir, votre autorité. Toutefois, vous avez une idée un peu désuète de ce qu'est l'énergie féminine. Je tiens à vous dire que les femmes ne vont pas retourner à leurs fourneaux, se voiler ou ne plus parler. Les femmes vont reprendre simplement leur place ; elles retrouveront la fluidité d'expression, cet instant de la Vie. Mais il en sera de même chez l'homme. L'homme doit retrouver également sa partie féminine et cela va déranger autant l'homme habitué à réagir d'une certaine manière que la femme habituée à la sienne. Tous les deux, ce couple féminin et masculin, se sont attribué un jeu dans lequel chacun doit rester respectivement bien à sa place. Dans ce retour de la féminité, rien ne sera à sa même place. Et les femmes devront s'habituer à ce que l'homme ne réagisse plus comme par le passé et l'homme, que la femme en fasse autant. Cela va être déstabilisant pour le couple ! Car l'homme est habitué à se lever tôt le matin, gagner sa vie et rentrer tard le soir, pour subvenir au besoin du foyer. Et la femme est habituée à faire la lessive, le ménage, à s'occuper de la maison, mais aussi à mettre au monde des enfants ; tout cela changera. Non, je ne vais pas vous dire que les hommes vont se mettre à enfanter, pas à ce point là ! Mais, il y aura beaucoup de changements ; il faudra accepter cette fluidité, que la femme et l'homme réagissent autrement. Vous devrez réinventer le couple.

Je vous parlais de quotidien tout à l'heure, et de paix, de ce regard de paix que vous allez devoir y installer. Vous serez amenés à l'installer à l'intérieur du couple qui sera à revisiter puisque toutes les énergies sont déstructurées et il faut qu'elles retrouvent une base différente. Là aussi, il y aura des remontées égotiques puisque la femme veut bien se libérer mais, finalement, l'homme doit continuer à travailler et rapporter de l'argent. L'homme veut bien devenir plus fluide mais, finalement, la femme doit continuer à faire à manger, le ménage et tout le reste ! Dans les années à venir, quand deux êtres voudront s'unir, ils devront s'asseoir et se dire ou au moins se demander : « Dans quelle situation es-tu le plus fluide et le plus épanoui ? Qu'est-ce qui te ferais plaisir ? Quelle est ta vision du couple ? » Et chacun devra redéfinir cette vision du couple. Peut-être que la femme répondra : «Oh moi ! Je préfère aller travailler», et l'homme : «Moi, je reste à la maison ; pourquoi pas, j'ai bien envie d'essayer !» Il va falloir oser changer tous ces schémas. Et savez-vous pourquoi ? Parce que vous avez tellement cadré l'énergie féminine et l'énergie masculine qu'avant qu'elles ne trouvent leur vraie place, vous devrez visiter tous ces moules construits depuis des millénaires. Vous vous frotterez à cette limitation qui vous rassure finalement ; faire un pas de plus, aller vers l'inconnu, c'est bien difficile.

Aller vers l'inconnu, c'est lâcher prise et, là, on a l'impression de se perdre. Quand on se perd, on n'est plus en paix, alors on revient à ces vieux schémas sécurisants

parce que la tranquillité trouvée en eux n'est peut-être pas une paix idéale mais, à la limite, il semble y en avoir un peu. Alors, je vous attends là aussi ; je viendrai vous bousculer également dans ces notions, car dans l'énergie féminine règne la balance cosmique avec un plateau Ombre, un plateau Lumière et au centre une porte nouvelle. Tout comme dans l'énergie masculine, la balance cosmique se trouve avec un plateau Ombre et un plateau Lumière et une porte au milieu. Et vous serez invités à revisiter ces deux polarités : l'énergie féminine et l'énergie masculine ; ce que vous en connaissez représente la manifestation la plus aliénante. L'énergie masculine, dans sa forme la plus évoluée, est également un bien-être, une paix. Comme l'énergie féminine, dans sa forme la plus évoluée, est la fluidité la plus totale, c'est tous ses pouvoirs retrouvés, mais avec le soutien aimant de l'énergie masculine.
La protection, l'aide aimante, c'est l'énergie masculine. L'énergie masculine a toujours été cette aile de protection qui entoure, enveloppe l'énergie féminine. Et, voyez-vous, l'énergie masculine dans cet enveloppement est bien plus mère que l'énergie féminine qui, elle, porte l'épée de lumière qui tranche, qui utilise le OUI et le NON. Parce que l'énergie féminine se coule dans les énergies universelles, dans les Forces primordiales. C'est elle qui reçoit ce flot de lumière venant nourrir toute une humanité. Il faut donc redistribuer les rôles et je vous le dis : l'énergie masculine est une énergie de protection, elle enveloppe, conduit et permet à l'énergie féminine de se tenir droite. C'est le couple parfait quand ils se donnent la main tous les deux et qu'ils se respectent. C'est à cela que vous êtes attendus. Avant de partir vers d'autres cieux, de quitter cette Terre, vous allez comprendre ce que sont l'énergie masculine et l'énergie féminine.
Vous n'en avez pas encore fini avec ces ombres de vous-même. Votre regard-sentiment-pensée va devoir encore être

actif, mais pour cela, vous lui donnerez de l'importance et donc commencez par prendre conscience que vous avez un regard qui engendre une pensée puis un sentiment. Certains le présentent d'une autre manière mais, moi, afin de vous offrir une nouvelle possibilité de maîtrise sur votre quotidien, je vous invite à le placer dans cet ordre : REGARD-SENTIMENT-PENSÉE, ou regard, pensée et sentiment ; ces deux pôles pouvant être déplacés, mais le regard devant être en premier.
Le Regard est la porte de la Paix. Voilà pourquoi je vous convie à prendre conscience à partir de cet instant de tous vos regards ou plutôt de tous ces regards que vous n'habitez pas. En fait, à longueur de journée, vous n'habitez vraiment pas vos regards. Vos yeux se posent sur tout et tous sans saisir l'essence de cette image, et si je vous interroge sur les regards que vous avez enregistrés aujourd'hui, peut-être m'en restituerez-vous deux ou trois, quatre au maximum. Finalement, vous ne pourrez pas me parler de tout ce que vous avez vu ou eu aujourd'hui, ni de ce que ce regard portait comme compréhension. De quelle manière posez-vous votre regard quand vous vous levez le matin ? Et quand vous vous asseyez devant votre bol avec votre petit déjeuner ? Quel est le regard émis quand vous choisissez un vêtement pour la journée ? Connaissez-vous la nature de votre regard sur le déroulé de votre quotidien, de votre travail ?
C'est *la routine* ; vous êtes sur un rail d'expression du matin au soir et c'est toujours le même. Vous n'écoutez pas vos regards ; ceux que vous posez sur votre quotidien vous parlent et vous enseignent mais, les écouter, vous ne l'avez jamais fait. Voilà pourquoi vous entrez parfois dans une situation de crise où vous êtes obligés de vous asseoir, de regarder, de lire ce que la Vie tente de vous enseigner. Plutôt que d'attendre d'être en crise, si vous acceptiez d'écouter vos regards, de leur donner de l'importance ! Pas

une importance exagérée, non, simplement ceci : qu'est-ce que mon regard a capté ? Que me renvoie t-il comme image ? Cette image-là engendre une réaction. Pour l'instant, je ne peux pas encore vous dire : «Soyez totalement unis à votre quotidien, vivez pleinement l'instant présent» ; ce n'est pas possible immédiatement ; je sais que je dois d'abord induire une réaction afin que vous puissiez glisser dans l'instant présent. Alors, je vous le répète : prenez conscience de vos regards, de vos gestes ; habitez vos gestes et vos regards, devenez regards, devenez gestes.
La Vie sera exigeante dans les mois qui viennent. Vous glisserez tout doucement dans une série de troubles qui vous dérangeront et vous feront quitter ces rails d'expression que vous épousez à merveille. Dans ces moments de crise, votre regard sera aiguisé et vous entendrez une infime partie de cet enseignement puisque, au quotidien, vous essayez de paraître en permanence. Quand on est l'extérieur de soi, que l'on veut *se présenter bien*, que l'on essaye d'être comme les autres le souhaitent, de sourire, d'être heureux et correct pour plaire, on est forcément éloigné de son cœur, et donc on se situe dans le PARAÎTRE. Quand on EST, installé à l'intérieur de son cœur, on ne se pose pas toutes ces questions ; on ne cherche pas à savoir si on va plaire aux autres ni comment leur faire plaisir, on va être tout simplement. On commence à rayonner sa propre lumière et, ainsi, on apporte quelque chose aux autres de bien plus important. Et quand on se trouve dans l'ÊTRE, on s'installe dans la Paix, tout comme ce soir j'ai tenté de l'installer à l'intérieur de vous au fur et à mesure que je me suis exprimée. J'essaye de vous recentrer en vous, car c'est ce qui vous manque le plus, d'être centrés !

Vous en êtes à vous agiter sur votre axe en permanence.
Oui, à l'intérieur de votre corps, se dresse un axe de lumière ; lui ne bouge pas trop mais vous, du fait que votre

regard ne vous livre pas toute cette connaissance, vous partez à droite puis à gauche et vous êtes en mouvement instable autour de cet axe. C'est pour cela aussi que vous n'êtes pas en paix.
Quand vous réussirez à installer le centrage total de vos corps, quand vous serez bien enracinés à l'intérieur, vous serez en paix. Mais pour pouvoir l'être, il faut accepter son quotidien et s'accepter tel que l'on est dans cette vie présente parce que c'est justement la meilleure façon d'acquérir cette compréhension qui manquait, ce respect qui vous faisait défaut, ce manque d'amour que l'on a finalement envers soi-même. Si vous voulez que votre vie future change et devienne un grand soleil, vous n'avez pas d'autre moyen que d'aimer votre quotidien, d'aimer votre corps, de vous aimer dans cet instant présent, dans ce moule que vous avez consenti à revêtir. Cette lumière qui vous habite, elle SAIT qui elle EST ; mais comme vous donnez beaucoup trop d'importance à votre extérieur, vous avez oublié qui vous êtes. Puisque vous cherchiez tant à l'extérieur et que vous vous êtes fatigués de cette recherche, si vous êtes vraiment arrivés au bout de cette fatigue, si vous vous sentez usés par cette quête, asseyez-vous dans votre fauteuil chez vous, sur votre divan, ou sur votre lit si vous préférez. Posez-vous enfin et commencez à écouter ce corps, à l'aimer, à accepter son langage et puis, tout doucement, descendez en lui, respectez-le, recueillez cette source d'eau fraîche qui va vous remplir et vous apportera toute cette nourriture que vous réclamez à cor et à cri.
Je vous le dis : tant que vous chercherez à l'extérieur de vous, vous serez dans l'erreur.
Quand vous tournerez votre regard à l'intérieur de vous, vous commencerez à entrer dans cet être que vous recherchez tant. Par contre, n'essayez pas de lui demander d'être ce que vous souhaitez, mais écoutez plutôt ce que cet être à l'intérieur de vous a à vous communiquer. Demandez-

lui de quelle manière il souhaite être et, à ce moment-là, vous grandirez uni avec sa volonté et tous les écueils que vous aurez rencontrés par le passé vous délivreront toute la profondeur de votre cheminement. Beaucoup veulent parvenir au but tout en méprisant le chemin qu'ils parcourent pour y parvenir. Voyez-vous, le but est fait justement de ce chemin ! Si vous méprisez le chemin, vous allez mépriser le but et vous le repousserez forcément. Le regard que vous poserez sur ces instants si particuliers fera que vous entrerez à l'intérieur du but ou alors que vous le verrez fuir, fuir, fuir… Vous vous direz encore "Je n'y arriverai jamais, c'est la faute d'en haut, la faute de mes guides, de mes anges. Ils ne m'écoutent pas, je leur demande quelque chose et ils ne me le donnent pas !" Nous n'avons rien à vous donner, c'est vous qui devez trouver ce que vous avez à vous donner. C'est là une grande différence.

Vous êtes aimés, non pas pour cette réalité que vous vivez, mais vous êtes aimés parce que vous avez osé descendre dans une réalité très éloignée de votre identité première. Vous êtes aimés parce que vous avez revêtu des vêtements qui sont tout à fait opposés de cette première naissance, de ce corps de lumière parfait que vous avez reçu. Vous êtes aimés parce que vous osez, vous, vous frotter à la dualité, à la densité. Vous êtes aimés car, dans cette dualité, vous avez accepté de vous plonger dans des situations difficiles afin de faire sortir des germes de pensées nouveaux pour d'autres humanités. Vous êtes aimés parce que nous savons combien vous souffrez autant dans votre corps physique, que dans votre âme et dans votre esprit. Nous vous aimons parce que nous savons que vous avez déposé tous vos pouvoirs à un moment donné et que vous vous avancez, nus, dans cette traversée, *une galère* dites-vous.
Mais nous vous affirmons aujourd'hui que vous pouvez quitter cette galère. Oh, pas quitter cette planète, non, non !

Simplement retrouver qui vous êtes. Pour cela, vous devez commencer par le B.A.-BA et c'est votre quotidien, chaque instant de votre vie. Même si vous êtes placés dans une situation de trouble, vous êtes invités à aimer votre existence, soit aimer l'être que vous êtes ; vous devez vous respecter. Je tiens à vous dire que votre quotidien sera lourd dans les mois à venir, lourd d'expériences et il vous faudra y prendre des décisions, vous prononcer, peut-être même changer radicalement de vie. Si vous êtes à l'écoute, vous saurez que c'est le moment.

Mais je vous le rappelle, si vous voulez imposer votre vision, la Vie se détournera de vous parce que l'on ne peut imposer sa vision ; on peut respecter sa vision, lui donner vie, mais cette vision vous appartient. C'est votre partenariat avec la Vie !

Vous êtes justement attendus dans ce quotidien, car vous l'avez trop rejeté, trop mal aimé. Vous lui avez donné une connotation négative, aussi, vous êtes amenés à l'aimer à nouveau même s'il n'a rien d'exceptionnel à vous délivrer. Seulement après, les portes s'ouvriront. C'est ainsi ; la Paix viendra vous visiter seulement lorsque votre quotidien deviendra un acte d'amour, rien qu'un acte d'amour.

Mes frères et mes sœurs, j'ai essayé de vous faire partager ma vision de la Paix.

Je ne vous ai pas parlé de cette guerre qui vous hante, je ne vous ai pas entretenu de tous ces actes d'horreur parce que, pour moi, la plus grande des guerres et les plus grandes horreurs que je rencontre, ce sont vos actes envers vous-même dans votre quotidien.

Cela me préoccupe beaucoup plus que ces guerres externes qui, de toute manière, se termineront et délivreront un autre message. Vous avez prononcé fortement dans les rues votre désir de paix ; nous avons écouté et nous sommes ravis de votre message lancé dans l'éther. Soyez assurés qu'il y aura une réponse.

Pour vous accompagner tout au long de ces instants que nous avons partagés, j'ai demandé aux membres du Collectif SORIA de travailler justement sur votre paix intérieure.
Je leur ai demandé de desserrer certains étaux qui vous étouffaient et pour m'assister, j'ai demandé à un groupe de Sages pléïadiens de déposer en vous de nouveaux germes afin d'éclairer votre regard. Cela ira au-delà de cette salle, et nous allons continuer dans les heures qui viennent à effectuer ce même travail sur l'humanité, sur tous ceux qui accepteront notre présence. Profitez bien de tout ce déploiement qui a été fait dans le silence. Vous ne nous avez pas vus, pourtant, nous avons travaillé sur vos lumières, sur vos portes intérieures, sur vos corps subtils. Nous avons essayé de réaligner tout ce que nous pouvions.
Je dois maintenant me retirer et vous laisser aller à votre quotidien. Je souhaite sincèrement que ces quelques mots vous permettront de revisiter le quotidien, le vôtre, et que vous écouterez votre regard. En le faisant, sachez qu'il y aura toujours un être de lumière qui vous accompagnera dans ces moments, car telle est notre volonté : vous accompagner dans cette nouvelle naissance. Nous sommes un peu ces sages-femmes, ces médecins de l'âme et de l'esprit dans l'accouchement si particulier de cette humanité, de cette Terre. Et nous ferons le maximum pour que cette naissance se passe au mieux et sans douleur.

Je vais déposer un souffle de Paix à l'intérieur de vous ; il vous parlera de ma vision. En tout cas, il commencera à l'évoquer et sachez, ô combien, vous êtes aimés et respectés. Maintenant, je vous laisse aller. Je me retire, et Paix à Vous !

5

Au-delà du paraître

Que je suis heureuse de vous accueillir dans nos énergies !

Vous le savez, tout est en train de changer, tout bouge. Non pas tant à l'extérieur, mais à l'intérieur de vous ! Les énergies qui visitent cette planète sont fortes, exigeantes parce qu'on ne peut plus aujourd'hui vous laisser faire tout ce que vous désirez.
Actuellement, vous êtes bien tous appelés à entrer dans votre identité, dans votre demeure divine. C'est-à-dire à l'intérieur de vous-même, au cœur de vous, de vos cellules, là où se tient toute la mémoire ancestrale de qui vous êtes, de votre parcours, mais aussi de votre devenir.

Les énergies qui descendent travailleront dans votre corps autant physique que subtil. Vous allez remarquer des changements ; du jour au lendemain, vous ne comprendrez pas ce qui se passe dans votre quotidien. Vous vous apercevrez que ce que vous tolériez la veille, vous ne pouvez plus l'accepter au réveil. Pourtant, rien ne s'est produit apparemment: vous avez simplement dormi, peut-être passé la soirée à regarder la télévision, ce *havre de paix* qui masque vos besoins intérieurs. Je dis *ce havre de paix* puisque vous croyez, devant ce poste où vous regardez défiler les images, que vous vous accordez un instant de *paix*. Voilà pourquoi je l'ai traité de cette manière.
Oui, un matin, vous vous regarderez dans le miroir et trouverez que le visage qui s'y reflète n'est pas le même que la veille. Vous verrez une petite lumière au fond de vos yeux

qui n'y était pas précédemment ou que vos rides autour se seront estompées ; et vous ne comprendrez pas puisque vous pensez qu'il faut une intervention extérieure pour atténuer ces ridules.

Il va se passer beaucoup de choses à l'avenir, car les énergies qui viennent sont exigeantes. Elles vont vous obliger à plonger au cœur de votre personnalité et à regarder ce qui ne va pas. Dans un premier temps, vous aurez donc des instants douloureux, vous apercevant que vous avez eu des inquiétudes totalement erronées et qui n'avaient rien à voir avec une approche *spirituelle*. Vous serez tentés d'affirmer : «Alors, la spiritualité, cela ne veut absolument rien dire !». Si vous aviez une telle pensée, ne culpabilisez surtout pas puisque, enfin, une grande vérité aura émergé dans votre mental. Il n'y a pas de *vie spirituelle* ; il n'y a que la Vie, LA VIE ! Vous savez, cette vie de chaque instant. Oh, elle est sans doute faite d'un tout petit rien : prendre un peigne et se coiffer, se brosser les dents, lire un livre ou préparer les repas !

Voyez-vous, *la grande Vie*, ce sont tous ces instants que vous méprisez encore parce que vous pensez que ces gestes quotidiens ne méritent pas d'être considérés comme des moments divins. Que croyez-vous que nous vivions, nous, de l'autre côté si ce n'est prendre plaisir à nous entretenir, soigner la forme que nous revêtons ? De quoi croyez-vous que notre vie est faite si ce n'est de consulter parfois un livre pour connaître la volonté du Sans-Nom ? Nous avons des attitudes similaires ; seulement, c'est le regard que nous posons sur nos actes qui fait que nous savons que nos instants les plus anodins sont très importants. Vous, vous n'habitez pas vos instants, et vous n'habitez pas le Temps. Vous êtes hors du temps, vous êtes contre le temps ; d'ailleurs, vous n'aimez pas le temps !

C'est vrai que le Temps, cette matrice qui vous a été donnée de vivre et d'étudier, semble aller parfois à l'encontre de

votre vie éternelle. S'il en est ainsi, c'est que le regard que vous posez sur lui n'est pas juste.
Oui, le Temps est une matrice. Vous avez accepté de descendre en elle. Peut-être serait-il bon de cesser de la maltraiter par la pensée. Le Temps est ce qu'il est ; c'est un terrain d'expérience offert et que vous avez choisi ; vous êtes descendus à l'intérieur de ce jeu de l'être. Il est vrai que la porte qui s'ouvre à vous vous propose d'en sortir, de quitter le jeu du Temps. Mais tant que vous mépriserez cette matrice, vous ne pourrez la quitter. Il faut d'abord que vous vous réconciliiez avec cette grande œuvre, acceptiez les limitations de cette cellule de Vie. Ainsi, quand vous les aurez reconnues, en aurez fait l'entière exploration, il n'aura plus rien à vous apprendre et vous pourrez en émerger, riches de toute une connaissance.
Tout terrain expérimental se veut d'apprentissage, soit d'une maîtrise de cette connaissance. Vous pouvez alors garder la teneur de ce terrain ou en changer mais, de toute manière, toutes les lois y sont les mêmes. Une cellule de Vie se crée, mue par des lois bien précises lui étant propres, et d'autres cellules vont descendre à l'intérieur et y étudier les lois. Une fois ces dernières acquises, comprises et maîtrisées, les cellules pourront sortir de cette matrice et se diriger vers un nouveau lieu d'expérience.

Oui, les énergies arrivant sont exigeantes puisqu'elles vont aller à l'intérieur de toutes vos cellules. Elles délogeront tout ce qui s'y cache, ce que vous y avez caché, et tout ce qui constitue le lest qui vous empêche de vous élever au sein de la conscience universelle.
Aujourd'hui, il faut que vous sachiez que la cellule de Temps qui vous avait été offerte a été clôturée.
Cela signifie que vous n'avez plus le temps de jouer pour reconnaître ; vous devez émettre maintenant une maîtrise à partir de l'enseignement que vous avez retiré dans ce séjour

au sein du Temps. Cette connaissance sera ce qu'elle sera, mais le décret est tombé : les Portes du Temps qui vous était attribuées sont closes.
Vous devez quitter un terrain de jeu. Peut-être celui-ci vous intéresse-t-il encore ou estimez-vous avoir finalement recueilli une somme d'informations suffisante pour passer à un autre terrain d'enseignement. Si vous vous considérez dans ce dernier cas, vous recevrez l'aide nécessaire pour passer à une autre étude de l'Être. Si vous vous situez dans le premier, tout est bien aussi. Toutefois, cette planète ne peut plus vous accueillir dans ce type de jeu ; aussi, ses portes vont-elles se refermer sur vous et vous allez donc la quitter. Vous y reviendrez beaucoup plus tard.

Les Énergies primordiales descendent, commencent à travailler dans l'aura de cette planète et soulèvent des expulsions égotiques énormes. Dans un premier temps, vous ne pouvez pas connaître de repos. Vous serez confrontés à des situations qui vous paraîtront peut-être dramatiques, conflictuelles, et vous devrez reconnaître que certaines réactions seront dues surtout à des besoins égotiques de continuer un vieux jeu. Ceux qui aimaient faire des croisades, et qui voudraient bien repartir encore, vont se lever et essayeront d'en créer une nouvelle, *Croisade des temps modernes* ! Vous allez voir ça ! Vous verrez des jeux égotiques se dévoiler sous toutes leurs formes, et ils ne seront pas très agréables ni à regarder ni à entendre.

Enfants de cette planète, durant ces périodes où tout va être expulsé de l'intérieur, tout ce qui ne doit plus s'inscrire sur les nouvelles énergies, il vous est demandé de regarder simplement et de ne rien amplifier. Ne vous identifiez pas à cela. Sachez que ce qui émergera dans les mois qui suivent sera souvent exagéré. Vous aurez des difficultés à cerner ce qui en sort, mais comprenez que ce qui s'évacue allégera la

personnalité de cette humanité. Alors, ne vous arrêtez pas aux apparences, essayez plutôt de recueillir les informations qui vous montrent que l'énergie de Vie est à l'œuvre pour purifier la personnalité de votre groupe.
Ces énergies qui descendent, toutes nouvelles, ne s'arrêteront pas à l'expulsion de tout ce qui encombre le corps de cette humanité. Elles s'attarderont aux corps des familles animale, végétale, minérale. Elles travailleront donc à libérer toutes ces familles faisant partie de la grande fraternité universelle, afin que chaque individu la formant puisse reprendre sa juste place. Peut-être que les animaux ayant été si serviles jusqu'à maintenant le seront moins et qu'à leur contact, vous trouverez que c'est plus difficile d'avoir une domination sur eux. Les végétaux ne se montreront finalement plus autant dociles et n'accepteront plus d'être maltraités. Quant aux minéraux, ils vont vous dire d'une manière ou d'une autre : *çà suffit !* Dans ce qui vient, dans ces frictions que vous rencontrerez, vous serez invités à restituer la place de chacun à sa juste valeur. Le concept erroné que vous avez sur la position de l'homme va éclater au grand jour et, peut-être, que vous devrez fournir un effort pour prendre la place qui est la vôtre et ne plus usurper les autres.

Oui, les énergies qui viennent, que je véhicule ou que mes amis véhiculent, ne représentent pas des mouvements faciles. Elles vous chercheront au plus profond de vous-mêmes. Vous serez amenés à plonger votre regard à l'intérieur de vous. Vous le tournerez vers des lieux que vous refusez de visiter parce qu'il s'y trouve des mémoires bien cachées, souvent douloureuses.
Effectivement, la mémoire ancestrale s'élèvera, se réveillera et vous serez nombreux à retrouver une partie de qui vous êtes. Quand cela se fera, ne vous arrêtez pas au contenu ; sachez que ce que vous êtes aujourd'hui est bien plus grand

que ce que vous rencontrez dans votre passé d'être. Même si la part mémorielle ancestrale restituée vous parle d'une grandeur, d'une beauté, sachez que dans cette forme revêtue présentement, dans cette limitation, vous avez une grandeur bien plus épanouie que dans cette vision antérieure. Oh ! Il y aura des voix qui s'élèveront : «Comment ! Moi, installé aujourd'hui dans un corps difforme, qui ne peut utiliser mes jambes ou mes bras, comment puis-je être plus grand que dans cette vie antérieure où je rayonnais la lumière et où j'avais la pleine jouissance de toutes mes fonctions ? Comment peux-tu dire cela ?» Si jamais vous rencontrez une personne qui vous le dit ou risque de me parler ainsi, répondez de la manière dont je vais le faire. Quand on a oublié la lumière qui est à l'intérieur de soi, pris l'habitude d'agir à tout prix pour ne pas se souvenir, la Vie crée une situation idyllique pour permettre à l'entité de se poser afin qu'elle puisse se regarder et redécouvrir la beauté à l'intérieur d'elle-même. C'est vrai que des déformations sont parfois la conséquence d'un karma. Mais, celui-ci est peut-être un amour extrême de la Vie qui vous a invités à tourner votre regard en vous ! Alors aimez, aimez cette forme de corps inharmonieuse dans son apparence. Aimez les défauts de votre corps, car chacun vous renvoie une image qui sollicite votre regard à plonger dans vos cellules et à y découvrir cette personnalité de lumière qui s'y cache.
Oui, quand nous regardons vos corps fatigués, usés, maltraités, déformés, ces corps qui sont quelquefois sur le point de ne plus pouvoir servir, nous émettons la plus belle radiance d'Amour afin de vous faire vous souvenir que vous n'êtes qu'une extériorisation d'Amour.
Alors, si vous avez le courage de vous aimer dans ces moments-là, tels que vous êtes, déformés, usés, maltraités, et de porter un regard d'amour sur ce corps physique, sachez qu'il est guéri et que la Vie vous permettra tout doucement de retrouvez l'usage d'un corps parfait et harmonieux.

Dans les prochaines années, il y aura de grands miracles, car les énergies exigeantes, fatigantes, qui vous propulseront jusque dans vos retranchements, feront naître ce regard d'amour sur vous-même. Et quand celui-ci se posera enfin sur le reflet de qui vous êtes, sachez que toute une transformation s'effectuera et amènera cette beauté à s'extérioriser.
Je ne dis pas cela pour vous faire croire à quelque chose, à une nouvelle illusion. Je vous avertis tout simplement de ce qui va se produire bientôt. Des personnes que vous connaissez sembleront parvenues au stade où vous vous pensez qu'elles n'en ont plus pour longtemps avant de passer de l'autre coté. Mais voilà, la Vie est toujours à l'œuvre et, dans ce qui se déroulera tout autour de vous, vous verrez même des êtres que vous ne croyez pas du tout *spirituels*, s'éveiller à leur dimension d'Amour. Ils se transformeront à vue d'œil, sans émettre en apparence une volonté quelconque. Et vous, pensant être dans la bonne direction, n'oserez pas qualifier ce regard d'amour sur vous-même. Resterez-vous en arrière ? Serez-vous distancés parce que vous êtes installés dans un ronronnement du *PARAÎTRE* et que, dans cette trajectoire, vous n'osez plus vous remettre en question solidement ? C'est-à-dire que vous n'osez plus avoir d'actes simples : *je m'aime tel que je suis et j'ose m'aimer.*

Généralement, lorsqu'une planète, une humanité, s'éveille à une dimension plus élevée, il y a tout un groupe d'êtres précurseurs travaillant pour canaliser, amener une lumière. Chaque membre ne retiendra qu'une chose : *je dois travailler sur moi, je dois appeler la lumière et je dois l'ancrer.* On les voit émettre alors une litanie, *litanie* puisque tant qu'ils parlent de cette manière, ils s'éloignent de qui ils sont. D'autres qui ne font rien en apparence, strictement rien, vont dire à un moment donné : «Je Suis

Lumière !» Quand ils auront prononcé cette phrase avec sincérité et simplicité, ils engendreront une réaction chimique induisant la transformation du corps grossier en un corps de lumière parfait.
Aussi, si vous pensez devoir travailler, travailler encore pour pouvoir ancrer, faire ceci ou cela, si vous êtes dans ce cas, écoutez-moi bien, vous êtes totalement à côté de la vérité ! Car la vérité EST simplicité. Et la simplicité, c'est de se poser dans ce que l'on est ; vous êtes lumière, alors affirmez-le : Je Suis Lumière ! Ne le dites pas pour me faire plaisir, mais parce que vous reconnaissez profondément que vous êtes lumière. Si vous osez avoir un regard d'amour, ne l'ayez pas pour me faire plaisir ! Ayez un regard d'amour parce que vous osez enfin vous aimer, laisser votre coeur s'ouvrir et émettre un rayonnement d'amour envers vous-même, envers ce corps qui vous porte et vous permet d'être là bien vivant dans la troisième dimension. Cette troisième dimension de l'être qui va se transformer bientôt en la quatrième dimension de l'être. Je dis bien de *L'ÊTRE*, car tout ce qui ne correspond pas à l'Être entre dans le *PARAÎTRE* ; et tout ce qui paraît sera amené à une expulsion totale hors de cette planète.

C'est en réalité votre place, votre vie sur cette planète qui se joue.
Bien sûr, nous lisons tous les efforts que vous avez fournis jusqu'à maintenant, c'est bien parce que vous les avez manifestés que nous essayons de vous secouer en ces instants ultimes où il n'y a plus de temps pour renverser le processus que vous avez mis en place. Soit, maintenant, vous osez tout simplement dire : *je suis lumière et je m'aime*, ou alors vous restez dans ce paraître, dans cette manière de vouloir devenir quelque chose que vous ignorez. Puisque dans ce vouloir *devenir*, vous vous tendez vers l'extérieur et tant qu'il en est ainsi, vous vous éloignez de

votre divinité, de cette précieuse personnalité que l'on vous a donnée à votre première naissance et que vous vous êtes promis d'amener à maturité. Sachez que cette personnalité est bien à l'intérieur de vous en ce moment même, que rien ne descendra du ciel pour vous apporter cette identité puisque vous en êtes porteurs avec toute la structure permettant votre réalisation.

Je ne vous apporte rien, sauf des énergies qui vont réveiller en vous l'être qui a été construit parfait, qui a été tiré de la Lumière de Vie et donc ; vous êtes forcément LUMIERE.

Ces énergies exigeantes ne sont pas issues de votre système solaire. Ces énergies descendent d'une grande section universelle où plusieurs millions de systèmes solaires sont regroupés. Cela veut dire qu'il y a une force tout à fait nouvelle qui visite cette planète. Cela signifie également que cette force nouvelle n'a sollicité aucune cellule vivante sur cette Terre avant aujourd'hui. Vous avez une chance inouïe d'être incarnés maintenant sur Urantia-Gaïa. Vous êtes privilégiés parce qu'il y a des milliards d'étincelles de Vie qui auraient aimé être du voyage, de CE voyage dont VOUS faites partie.

Toutes les humanités ayant vécu avant vous sur cette planète ont attiré un rayonnement qui est issu des premières sections universelles immédiates. Vous vous êtes posés sur ces réalisations anciennes et vous êtes tendus comme des arcs pour appeler et recevoir une force universelle qui n'est jamais descendue, qui n'a jamais apporté son potentiel à une humanité résidente sur Urantia-Gaïa. Je le répète tout simplement parce qu'il faut que votre conscience enregistre parfaitement la teneur exceptionnelle de cette énergie qui descend des hautes sphères universelles.

Ceci sous-entend aussi que ces énergies sont accompagnées d'Êtres tout autant exceptionnels. Des Êtres qui, pour la première fois, ont reçu l'autorisation de s'installer dans

l'aura de la planète, de VOTRE planète. Tous ces grands Êtres qui ont un énorme potentiel de connaissance, de radiance d'Amour vont commencer à émettre leur qualité, leur force, leur instruction afin de vous guider, de vous amener à vous immerger à l'intérieur de tout ce potentiel. Naturellement, vous êtes libres d'accepter ou de refuser ! Mais comme ils s'installent tous dans l'aura de la Terre et vont travailler afin que des membres de votre humanité deviennent leurs maillons rayonnants dans la matière, comprenez que tous les efforts qui se déroulent apporteront de grands changements. Ces ajustements sont inévitables ; tous ces rayonnements ouvriront de nouveaux secteurs de réalisation et ils emprunteront le chemin des champs vierges. En ce moment, la période si exceptionnelle dans laquelle vous vous êtes tous immergés, favorise donc l'émergence d'un groupe d'hommes et de femmes pour accueillir, ancrer toutes ces énergies nouvelles.
Des hommes et des femmes vont devenir le reflet dans la matière de ces différents Maîtres qui s'installent autour de la radiance d'Urantia-Gaïa. Cela signifie aussi que les grandes sagesses universelles pourront descendre jusqu'à vous et vont donc entraîner des mutations à l'intérieur de l'ADN, des codes génétiques. Vos scientifiques qui s'acharnent à cartographier le génome humain se retrouveront déposséder de tous les efforts qu'ils sont en train de faire pour en devenir les maîtres, et leur espoir de ramasser beaucoup d'argent de cette découverte deviendra caduque, car on ne peut monnayer, on ne peut s'enrichir sur la Vie. Tous les êtres qui, dans l'espoir d'amasser de l'argent, tentent de faire fortune sur le dos des autres vont entrer dans une spirale de terrible remise en question. Parce que tout ce qui ne correspond pas aux lois d'Amour, de Lumière et de Sagesse des hautes sphères universelles va être balayé sur cette planète. C'est donc un raz-de-marée de conscience qui déferle vers vous et là, vous avez deux possibilités : soit il

vous submerge et vous noie, soit vous lâchez prise et vous acceptez qu'il devienne cette source aimante vous amenant à une autre compréhension de vous-même.

Qu'il soit clair que cette planète est née avec un devenir exceptionnel ; et pour que celui-ci puisse un jour être une réalité, il y eut des dépôts faits dans la croûte terrestre en des endroits bien spécifiques dans le passé des humanités visiteuses. Dans ces temps anciens fut élaborée une trame, mais elle n'a pas été connectée entre tous les points qui la constituent. Cette trame est reliée, comme des points de lumière se reliant à d'autres, ce n'est pourtant pas la lumière qui la constitue. Ce sont des dépôts de sons qui ont été faits dans des endroits bien spécifiques. Dépôts d'un langage universel prononcé, venus se loger à l'intérieur de salles souterraines et il y a maintenant de nouveaux sons qui descendent, venant tout simplement activer tous ces dépôts faits dans le passé de l'histoire d'Urantia-Gaïa. Chaque dépôt se connectera à d'autres et cette trame si particulière, si insaisissable, car elle n'est pas faite de matière, une fois connectée va inonder autant l'intérieur que l'extérieur de cette planète d'une force matricielle exceptionnelle. Lorsque ces connexions auront eu lieu, dites-vous bien que le grand devenir de cette Terre sera révélé car, bien que je vous ai livré beaucoup d'informations, cela ne représente même pas un millionième de ce que vous allez recevoir.

De nombreuses informations doivent descendre vers vous puisque, lorsque cette toile de lumière émettra sa radiance, il faudra que les corps humains ayant reçu en leur temps ces mêmes dépôts en eux, se mettent à rayonner et à résonner à ce nouveau diapason. Imaginez, imaginez vos scientifiques, qui ne raisonnent que par la matière, par la densité ! Ils vont se retrouver devant une énigme à laquelle ils ne sont pas préparés. Voyez-vous, ce son qui fut un jour déposé dans un langage universel à l'intérieur de vos cellules n'est pas maniable ! Tout cela n'est pas transformable par une volonté humaine. Quand vos corps vont résonner comme un diapason à ce langage universel déposé dans des temps lointains, eh bien, ils pourront émettre une tonalité, une sonorité qui n'a pas encore été recueillie sur cette planète !

Il y eut des gardiens, de grands gardiens de ces secrets ; ils se sont transmis ce savoir de génération en génération et ils attendent. Ils patientent juste parce qu'ils savent que c'est bientôt le moment de se réveiller. Mais voilà, ces grands gardiens ne vont pas revêtir un aspect extraordinaire : ce sont des hommes et des femmes comme vous êtes, ici, dans cette salle. Ces grands gardiens portent ce langage à l'intérieur d'eux-mêmes. Quand ce langage émergera, ils ne sauront pas quoi en faire dans un premier temps. Puis, la Vie tracera doucement un chemin qu'ils emprunteront, ne sachant pas du tout où ils iront. Et, à un moment donné, ils seront en face d'endroits où ils auront envie d'émettre ce langage ; c'est ainsi qu'ils seront guidés sans connaissance apparente vers tous les lieux qui sont dépositaires de ce langage universel déposé dans les entrailles d'Utrantia-Gaïa.

D'autres êtres travailleront sur l'énergie Cristal du passé. Parce qu'il faudra également apaiser l'énergie cristalline, cette mémoire qui parle d'une utilisation détournant les forces primordiales du Cristal. Ainsi, des êtres seront guidés pour aller dans des endroits bien particuliers afin de les guérir et d'apaiser la mémoire cristalline de cette planète. D'autres encore seront appelés dans différentes manifestations. Sachez que les énergies qui viennent, certes exigeantes, vont permettre la guérison de la mémoire ancestrale.

Je voulais tout de même souligner aussi que le langage universel fut un jour capté par des groupes d'hommes et de femmes et que ceux-ci, quand vous les regardez aujourd'hui, vous les méprisez. Ce sont des ethnies bien particulières qui ont rempli leur rôle, elles ont été les gardiennes de ce langage universel, de ces codes de mémoire et de puissance. Tous ces codes ont été déposés dans des signes et toutes ces ethnies utilisent le son des voyelles, car ce sont elles qui sont les forces créatrices ouvrant toutes les réalisations de vos étoiles, de vos portes intérieures. Sachez que l'ordonnance, l'harmonisation de votre corps communautaire, se crée et se décrée par les sons, par les signes qui sont déposés parfois sur lui. Bien sûr, il exista des peuplades qui, dans le passé de cette planète, eurent un rôle à jouer. Oui, ils vivaient simplement, ils n'avaient pas de grands besoins, ne désiraient pas de maisons, et ils se moqueraient bien de la télévision, des voitures parce que, eux, savaient utiliser leur pouvoir intérieur pour se déplacer en énergie d'un point à un autre sur cette planète. Ou alors encore se rendre dans les salles de conférence pour obtenir des informations des Maîtres des Univers ! Et puis est arrivée une déferlante : un groupe d'hommes et de femmes qui se sont mis à penser soudainement qu'ils étaient supérieurs aux autres parce que tout simplement la Vie sollicitait ce groupe à émettre une forme de sagesse afin que le grand puzzle fraternel de la Sagesse planétaire soit créé. Ils ont confondu cette impulsion, transposé ces stimuli en *Nous sommes les maîtres, nous sommes les élus, nous sommes les plus beaux !* Ce groupe qui a reçu à l'époque ces premiers stimuli faisait partie de la race blanche. Et de là est née toute une déviation de ces stimuli. Au lieu que ces hommes et ces femmes participent à l'élaboration d'une sagesse du peuple blanc, nous avons vu fleurir une attitude égotique poussée, maltraitant toutes les sagesses déjà en place et travaillées par des populations sans prétention. Nous en sommes arrivés à un point où, si nous n'intervenions pas, la race blanche était capable d'anéantir tout ce que les autres ethnies avaient mis en place dans le grand plan de la sagesse fraternelle planétaire. Par conséquent, la race blanche va devoir corriger toutes ses erreurs. Elle devra émettre un amour inconditionnel envers ces ethnies, ces formes de Vie qui ont tout simplement permis à une sagesse d'éclore. C'est la leur, elle est respectable. Si vous mettez toutes ces formes de sagesse les unes à côté des autres, vous verrez alors un dessein merveilleux en train de se construire. C'est une Fleur de Vie exceptionnelle. Il manque un pétale ; la sagesse émise par la race blanche.

Dans les balayages énergétiques de cette planète, le plus grand tribut sera fait dans la race blanche, car elle a largement contribué à la réduction de la sagesse des différentes peuplades. Alors, elle aussi sera menée au bord de l'extinction afin que seul un groupe d'hommes et de femmes vivant dans l'émergence d'une sagesse universelle puisse se retrouver et s'asseoir en toute simplicité auprès des autres ethnies et parler de cette sagesse qui les habite. Ne croyez surtout pas que dans l'avenir, le peuple blanc sera *le peuple élu* ; sachez qu'il devra reconstruire et participer à la reconstruction de l'identité planétaire. Il sera sollicité au-delà de ce qu'il pense pouvoir fournir comme effort ! Comprenez que la race blanche n'a pas encore émis la tonalité de la sagesse qui lui est demandée. Cela implique obligatoirement, dans les dix ans qui viennent, que la race blanche devra s'accepter puis reconnaître la forme de sagesse qu'elle a recueillie dans son histoire. Le prochain pas sera de mettre cette sagesse à la disposition de la fraternité planétaire.

C'est vrai que l'on vous rapporte beaucoup de choses ; dans toutes les prédictions déjà faites, beaucoup vont se réaliser. Mais sachez que si quelques-unes d'entre elles n'arriveront pas à maturité, d'autres se préparent. Si vous avez accepté de venir à l'intérieur de la race blanche, vous vous êtes engagés à la reconstruction de la sagesse à l'intérieur de cette race. Prenez conscience de ce travail, que la race blanche ne travaille pas pour elle, mais pour la communauté planétaire qui englobe les noirs, les rouges, les jaunes, qui rassemble toutes les religions. Vous faites partie de cette race ; vous êtes donc concernés par la reconstruction de l'identité planétaire.

Les énergies qui descendent vous sollicitent pour parvenir à vous faire asseoir dans une salle, à discuter, à faire le tri de ce qui ne sert plus, de ce qui va servir ou peut encore servir tout en sachant que ce qui le peut encore ne sera plus utile dans les quelques mois qui viennent. Vous accepterez de tendre la main à votre frère blanc car, voyez-vous, ce qui nous étonne le plus à l'intérieur de votre race, la blanche, c'est cette intolérance à votre autre frère blanc. Avez-vous remarqué ? Lorsque vous êtes en face d'un des membres de la race blanche, vous vous fermez, vous attendez, vous vous dites : «Oh ! Celui là, je vais d'abord voir ce qu'il va dire et faire !». Votre cœur est donc fermé. Cela révèle qu'en tant que race, vous êtes parvenus à tarir la source d'amour qui vous unit les uns aux autres et que vous serez conduits à désensabler ce canal afin que coule à nouveau cette force d'amour entre vous.

Les années qui viennent ne seront vraiment pas faciles, allant vous chercher dans vos retranchements. Vous acceptez de parler de racisme entre une race et une autre, mais vous avez beaucoup de mal à reconnaître le racisme que vous avez installé à l'intérieur même de la race blanche. Vous connaissez ce «Oh, il ne fait pas partie de la famille, c'est le voisin ! Et puis, ce voisin n'est pas tout net ; il y a des moments où il ne faut pas l'écouter !» C'est du racisme. Puis, il y a le racisme national : «Moi, je suis français, lui, ce n'en n'est pas un !» Pourtant, il est blanc comme vous !

Ainsi, nous avons vu dans la race blanche, des blancs supérieurs aux blancs ! Vous avez créé une nouvelle race … Il y a déjà un peuple qui attend son Messie parce que *c'est* le peuple élu, mais à l'intérieur du peuple blanc se trouvent également ceux qui sont élus et qui attendent le leur, et puis il reste tous les autres ! Vous imaginez le nombre de messies, de grands maîtres qui doivent venir conduire tous ces peuples élus ! Il va falloir que l'on construise des lieux bien spécifiques pour placer chaque peuple élu. Cela veut dire que vous nous demandez de créer des espaces interstellaires où vous voulez que l'on installe ce racisme. Je tiens à vous dire que cela ne peut être et que ce ne sera pas.
Vous êtes appelés non pas à vivre selon vos désirs, mais à vivre ensemble, et à vous aimer ensemble tel que vous êtes. Le voisin blanc, celui en dehors des frontières de la France, le noir, le jaune, le rouge : vous devez tous vivre comme une seule cellule fraternelle !

Oui, les sons qui vont être prononcés dans la matrice de cette planète travailleront d'abord sur la mémoire cellulaire de la race blanche afin que son orgueil et le racisme qu'elle a mis en place soient désagrégés et qu'émergent enfin les premiers signes de fraternité en son sein. Quand elle aura commencé à admettre cela, elle pourra travailler à la lumière de toutes les sagesses. Les divisions qui ont été créées par le passé doivent tomber. Les frontières placées sur cette planète afin de contenir la population et l'empêcher de se rencontrer et d'échanger facilement à son gré tomberont également. L'argent-roi qui vous empêche d'être dans l'épanouissement tombera. Il n'y aura plus qu'une seule énergie d'argent pour le bien de la communauté planétaire. Seulement après, cette énergie d'argent disparaîtra puisque vous n'en aurez plus besoin.
Les gouvernements qui, pour l'instant, agissent à l'encontre de la plénitude et du peuple, entrent en crise. Tout ce qu'ils

pensaient pouvoir cacher à la population sera mis au grand jour. Ils vont perdre leur pouvoir, leur influence et tout ce qui n'entre pas dans l'énergie d'amour et de partage va disparaître.
Ainsi ai-je tenu à vous répéter que les énergies qui viennent vous visiter vous appellent dès à présent à émettre des attitudes correspondant à cette sagesse fraternelle qui émergera sur cette planète. Je vous invite donc à commencer à les mettre en place. Par exemple : de ne plus parler en des termes comme *Je suis spirituel et lui ne l'est pas !,* mais tout simplement dire : «Je me suis immergé un peu plus dans la reconnaissance de qui je suis». Là, votre parole sera juste et vous serez épaulé par toutes les fraternités.
Sachez aussi que toutes les énergies du passé ayant laissé une mémoire douloureuse dans la terre vont être expulsées. Dans cette expulsion est concernée la partie installée à l'intérieur de vos cellules et qui génère des attitudes au quotidien. Vous connaissez ces rails d'expression. Sachez vivre la transformation qui vient vers vous, soit reconnaître que vous êtes dans le mouvement de la transformation et que vous commencez à descendre dans le fleuve d'Amour, dans le fleuve de la Lumière et dans le fleuve de la Sagesse. Vous n'y êtes pas encore tout à fait, mais vous êtes devant ces portes et il ne tient qu'à vous de plonger à l'intérieur.

Ce soir, j'ai demandé à tous les Maîtres du passé ayant déposé les sons en des endroits bien particuliers de la matrice de cette planète, d'être présents dans cette salle afin qu'ils travaillent en silence, mais avec ce langage, pour en réveiller la contrepartie en vous.
Sachez que j'ai demandé à vos guides, à vos anges d'accompagner la transformation et que nous avons déposé un quota de lumière bien spécifique qui vous amènera doucement à votre réalisation. Nous avons transformé un peu votre ADN afin que vous puissiez glisser avec plus de

facilité dans le fleuve d'énergie qui descend sur cette planète, tout étant mouvement.
Les Maîtres généticiens vous ont accompagnés pendant cette soirée et votre feu sacré intérieur a été réanimé. C'est le cadeau du collectif SORIA.

Je vais me retirer, car un grand travail a été ainsi fait sur vos corps et nous ne pouvons pas aller plus loin. Nous devons voir grandir ce germe et accueillir ce regard d'amour que vous émettrez envers vous-même et la fraternité planétaire.
Comprenez que vous avez tous une place, la vôtre, et n'essayez pas de ressembler à votre voisin. Restez vous-même dans la simplicité de qui vous êtes mais, surtout, surtout, à partir de maintenant, appelez vos anges, vos guides au quotidien pour qu'ils vous épaulent, éclairent votre chemin dans cette transformation. Devenez des amis, des complices, des partenaires pour la Vie. Cessez d'être seul dans votre transformation.

Enfants de cette planète, si vous saviez à quel destin vous êtes conduits, si vous saviez à quel degré de Lumière universelle vous êtes amenés, vous comprendriez à quel point vous êtes des êtres précieux.
Nous vous aimons au-delà des mots et des formes, nous vous aimons parce que vous êtes d'autres visages de nous-mêmes. Nous vous aimons parce que vous avez été créés parfaits et vous seuls l'avez oublié.

Je vous quitte sur ces mots, sur cette plénitude qui s'est installée à l'intérieur de vous.
Restez encore dans cette énergie le temps que je me retire, mais je vous porte dans mon cœur et vous emmène avec moi.

6

La grâce du renouveau

La paix descend sur vous dans ces instants de grâce.
Instants de grâce où l'esprit peut enfin rencontrer l'être que vous êtes. L'esprit, pas n'importe lequel, votre Esprit supérieur, celui qui est à l'origine de votre naissance, votre Père/Mère divin.

Quand vous osez laisser le mental dans sa petite boîte et que vous ouvrez votre cœur pour accueillir les énergies qui vous visitent, vous êtes en pure relation avec votre Moi supérieur, qui porte aussi le nom de ***Père/Mère***.
Ce soir, vos Moi supérieurs ne sont pas loin ; voilà pourquoi je parle ***d'instants de grâce***. Car, dans le passé, ces instants demeuraient très rares et difficiles puisque vous étiez tellement surchargés d'énergies vous coupant de votre source que la moindre des communications avec votre Père/Mère relevait d'un exploit extraordinaire. Un exploit, c'est déjà quelque chose ! Si j'y ajoute cet adjectif, c'est bien pour souligner l'intensité de la difficulté à communiquer avec l'expansion de vous-même.
Nous vous parlons beaucoup d'ouverture de cœur et de défi. Sachez que dans les temps qui se profilent, vous serez propulsés devant et face au plus grand défi. Celui qui consiste à lâcher prise avec le mental, à lui demander de ne plus intervenir, tout au moins de n'agir que sur une impulsion volontaire de votre part. C'est-à-dire de vous immerger avant tout à l'intérieur de cette qualité de cœur qui est déposée dans votre personnalité.

Voilà pourquoi je m'efforce de déjouer le mental humain. Lorsque je me déplace pour vous parler, il me faut d'abord nourrir votre mental parce que c'est une mécanique et que vous avez oublié comment l'arrêter. Enfin, quand vous commencez à être plus calmes, je peux nourrir l'intérieur de chaque cellule qui constitue votre corps. Votre corps empli, je connecte alors la force déposée à l'intérieur de vous à votre cœur et induis une impulsion afin que votre cœur s'ouvre un peu plus et accepte de vivre sans point de repère.
Les peurs qui animent cette humanité sont bien celles de vivre l'instant présent, d'évoluer sans repères, sans directives apparentes, de devoir écouter ce qu'il y a à l'intérieur, dans le cœur.
Or, lorsqu'une grande peur se dessine et essaye d'engloutir l'humanité, il y a des leçons qui viennent et savez-vous ce qu'elles sont ? C'est l'absence de repères !
Généralement, en ôtant un à un les repères qui servent de béquilles à l'humanité, on voit l'affolement : "Comment vais-je marcher ? Dans quel sens dois-je me diriger ? Est-ce que je dois avancer ? Reculer ? Suis-je autorisé à faire confiance ? Est-ce que je peux aimer ? Est-ce que je ne dois pas aimer ? Est-ce bien ? Est-ce mal ? Aujourd'hui, de quelle couleur dois-je me vêtir ? Êtes-vous sûrs qu'il y a un monde au dessus de moi et un en dessous ?"

Progressivement, afin de déjouer les pièges de cette peur, nous coupons une à une les tentacules qu'elle a construites pour s'ancrer dans quelque chose qu'elle peut définir, toucher, tâter. Vous savez ; *voici un plateau, c'est dur, il y a des arêtes, des angles* ; ce type de réaction que vous connaissez.
Votre humanité s'avance donc vers une période où nous allons lui retirer tous ses points de repères, où un angle ne sera peut-être plus pointu et qu'il réservera finalement une grande richesse. L'humanité sera ainsi amenée à se regarder,

c'est-à-dire à accepter ce qu'elle est dans l'instant précis. Puis, nous retirerons ces chemins bien établis par lesquels elle s'exprime.
Ainsi, ces voies auront plusieurs visages ; vous en connaissez quelques-uns. Certains vous rassurent tels que l'argent, le travail, la politique, la médecine, l'art et bien d'autres choses. Vous verrez que toutes ces énergies qui coulent dans des rails d'expression bien définis seront travaillées. Ce qui était solide hier n'existera plus demain ou, tout au moins, vous ne pourrez plus y accorder autant de crédit et d'importance. Vous vous détacherez progressivement de ces fausses forces d'expression. Et vous vous apercevrez qu'au fur et à mesure que nous couperons ces énergies, d'autres réservoirs s'ouvriront et vous accueillerez des forces nouvelles, non teintées.
Sûrement pensez-vous en cet instant : "Oui, mais comme nous n'avons pas réglé le problème des anciens modes d'expression, peut-être allons-nous déjà teinter les nouveaux réservoirs ?" Je vous rassure : la grille magnétique d'Urantia a été changée. Et cela ne sera pas possible puisque l'être humain que vous pensez être travaille sa nouvelle grille magnétique ! Ceci veut dire qu'au fur et à mesure que cette grille magnétique intérieure de l'homme et de la femme se construit, l'ancienne que vous connaissez bien, va s'éteindre progressivement. Tous les modes d'expression attachés à la vieille grille magnétique humaine n'auront plus cours, n'ayant plus de force, et ne pourront donc vous nourrir. Cela signifie qu'en vous sollicitant pour que votre grille magnétique se construise en vous selon un schéma bien précis, et que vous ne pourrez pas modifier, vous réapprendrez à vivre non pas en harmonie uniquement avec cette Terre mais bien avec toutes les lois universelles. Vous cohabiterez avec toutes les formes de Vie à l'intérieur des sections universelles constituant ce grand Corps divin et communiquerez avec les rayons de lumière. Ainsi, vous

réapprendrez à être un artiste au sens noble de ce mot. C'est-à-dire être un canal ouvert, se faisant coupe quand cela est nécessaire, acceptant de recevoir une énergie et la restituant autour de lui sans la teinter.
Dans les années qui viennent, vous serez sollicités pour parfaire justement cette œuvre qui déjà prend naissance à l'intérieur de vos circuits fluidiques, de votre identité.

Soyez attentifs, car vous avez l'habitude aujourd'hui d'évoluer selon un rythme bien précis et, demain, quand vous essayerez d'agir mécaniquement avec ces mêmes rythmes, avec ces énergies, vous vous apercevrez que les portes ne s'ouvrent plus et, finalement, que vous n'arrivez ni à vous lever ni à faire. Lorsque vous remarquerez cela, comprenez qu'une porte de l'ancienne grille magnétique de votre corps s'est fermée et qu'en conséquence, il y a un travail déjà installé, que la nouvelle grille magnétique corporelle s'est avancée. Cela veut dire qu'une nouvelle lumière va vous habiter peu à peu. Mais, à l'heure actuelle, vous ne pouvez agir avec elle, simplement la reconnaître s'installant à l'intérieur de vous. Oui, vous ne reconnaîtrez que ce que vous ne pouvez plus faire, ce qui vous ennuie, et vous entrerez dans une période où vous direz : «Je ne veux plus de ça, mais qu'est-ce que je veux faire ? Je n'en sais rien. Comment puis-je le faire ? Je ne sais pas non plus». Tout ceci est naturel, parce que nous n'en sommes qu'au début du travail. Vous ne pouvez pas exiger dans l'état actuel de cette nouvelle construction intérieure qu'elle vous donne la plénitude qu'elle vous offrira une fois terminée. Vous êtes donc en mutation, en pleine transformation. Il y a tout un support d'énergie qui s'effrite en vous, s'estompe. Progressivement, ces anciens carrefours d'énergie qui furent très actifs dans votre sphère de Vie, s'éteignent les uns après les autres.

Surtout, si vous pensez à un moment donné, qu'il y a plus de *noir* que de *lumière* en vous, souvenez-vous des mots que je dépose maintenant, et qu'il s'agit de la reconnaissance de l'extinction de la vieille grille magnétique qui animait votre corps.

Une nouvelle grille magnétique est en train de prendre place et le début de construction de celle-ci ne peut remplir l'espace de l'ancienne puisque ce ne sont pas les mêmes lois inter-actives qui animeront la future grille magnétique de l'homme, de la femme. Il est prévu dix ans pour que le corps humain puisse voir émerger la totalité de la grille magnétique qui est offerte par le Sans-Nom. Aujourd'hui, nous commençons le travail, mais ne demandez pas dès maintenant de recevoir la totalité de l'énergie que supportera la grille magnétique humaine une fois transformée. Attendez la fin de la transformation pour avoir des exigences mais, surtout, apprenez, apprenez à observer les transformations à l'intérieur de vous. Voyez-vous, elles vont d'abord soulever des réactions ; cela est logique puisque votre mental enregistrera l'extinction progressive de ces anciens carrefours d'expression. Lui qui avait l'habitude de naviguer avec aisance sur cette cartographie, ne va plus pouvoir y passer, tout comme il ne pourra pas encore identifier ces nouveaux paysages. Dans un premier temps, il risque donc de s'affoler. Aussi, si vous n'avez pas réglé vos problèmes de peur, peut-être serez-vous submergés d'abord par une peur incontrôlable. Si cela est le cas, souvenez-vous de ce que je vous ai dit ce soir et essayez de sortir de l'impact de cette peur ; ne vous laissez pas engloutir par elle, car vous n'êtes plus cette peur. Si elle sort et prend tant d'importance, c'est pour que vous puissiez simplement la reconnaître et l'aimer.
C'est vrai, il est rare d'entendre ces mots : aimez votre peur ! On vous dit d'habitude : «Ah non ! Travailles ta peur,

deviens raisonnable !». Et moi, je vous dis : «Aimez votre peur». Si vous osez l'aimer, elle sera nourrie de cet amour et va se désagréger automatiquement. Si vous osez vous aimer, tels que vous êtes, dans vos réticences, dans vos rétractions, dans ce manque d'amour que vous avez peut-être envers une personne ou un règne ; si vous osez vous aimer ainsi et penser "Je ne suis pas cela, ce n'est qu'une facette de la peur de la Vie", vous entamerez alors votre rédemption. Oui je dis bien, ***votre rédemption***. Car l'humanité se présente à cet état d'être. Elle va s'accorder la grâce de ne plus être faible face à ces vieilles habitudes. Elle va s'accorder la grâce d'effacer son karma. Elle va s'accorder la grâce de glisser sur des énergies d'amour qui offriront un nouveau paysage où vous vous épanouirez.

Je tiens à vous dire que les années qui se présentent devant vous et qui favoriseront le travail sur la grille magnétique à l'intérieur de votre corps, seront avant tout des années de tourmente. Oh ! Cela ne signifie pas que la vie sociale en référence sera en tourmente. Mais, tout simplement, que **votre regard-sentiment-pensée** va vous délivrer un quota de tourments que vous avez dissimulés avec aisance derrière des rails d'expressions qui, en les observant, parlent de bien autre chose que de cette souffrance, de ce manque d'amour que vous avez vis-à-vis de vous-même.

Je vous invite à être très indulgents dans ces années particulières au fur et à mesure que ce travail sera effectué sur l'harmonisation de votre nouvelle grille intérieure.
Je vous invite à accepter d'avoir des pleurs, des sanglots qui remonteront. Je vous invite à reconnaître une peur quand elle osera s'exprimer.
Je vous invite à devenir surtout indulgents envers vous-mêmes.

Oh ! Cela ne dit pas que vous ne devez plus tendre vers la compréhension de qui vous êtes ni que vous avez l'autorisation de vous installer dans un hamac et de vous bercer au gré du vent. Non, bien au contraire !
Je tiens à dire que, dans ces années de transformation, vous serez sollicités de tous les côtés afin de tourner une bonne fois pour toutes votre regard en vous, d'identifier ces parties de vous qui ne sont pas ancrées dans l'Amour divin. Si vous avez le courage et l'audace d'accepter le travail, ce défi que nous vous envoyons, sachez qu'au bout du compte, c'est bien l'harmonie, l'amour que vous trouverez. Oh non ! Je ne parle pas de cet amour exigeant que vous dessinez, cet amour esclavagiste que vous appelez encore. Je parle de l'amour libre de s'exprimer comme il en a envie et à son moment, Je parle de cette liberté qui va faire de vous des êtres d'amour au service de l'Amour, de la Beauté et de la Vie.

Vous serez donc amenés à reconnaître qui vous êtes, et ce que vous êtes est bien au-delà des apparences du monde physique !
Vous devrez accepter que vos racines en dessous de vos pieds véhiculent votre personnalité à l'intérieur des mondes intraterrestres et qu'ils vous nourrissent par ces racines. Et vous réintégrerez cette communication qui est là depuis la nuit des temps, que vous avez oubliée. Parce qu'il était tellement facile d'oublier que l'on communiquait à chaque instant de son existence avec les différents lieux d'expression de la Vie multiple.
Vous accepterez que vos racines avec le ciel, juste au dessus de votre tête, vous nourrissent en permanence également. Ainsi, vous devrez prendre votre place ; il y a un monde en dessous de vous, un, là où vous vivez, mais un monde au dessus de vous également. Vous serez amenés à intégrer, au fur et à mesure que votre conscience s'ouvre et vous amène

à dépasser le plan dans lequel vous êtes, que vous trouvez toujours un monde en dessous et un au dessus de vous. Quelle que soit l'élévation de conscience que vous effectuerez, le plan dans lequel vous vous enracinerez, vous découvrirez qu'il y a toujours un monde en dessous de vous, un, là où vous vivez et un autre au dessus de vous. Cela signifie que vous réapprendrez à vivre et à communiquer avec ces trois strates de Vie.
Le pas suivant sera de reconnaître toutes les lois inhérentes à ces trois étages de conscience. Et comme il y a des lois, nous trouvons leurs gardiens ; ils travaillent également avec les Êtres qui maîtrisent les forces de ces lois. Vous vous apercevrez que dans le monde en dessous existent les gardiens, les maîtres, les couleurs, les sons, les formes et qu'il y a le Verbe. Puis vous constaterez que dans le plan où vous vivez, vous retrouvez la même chose ; toutefois, ce ne sont pas tout à fait les mêmes êtres en place. Ensuite, vous regarderez au dessus et, là aussi, mêmes lois avec les maîtres, les couleurs, etc. Il vous faudra donc unir ces trois pôles : le monde du dessous, là où vous vivez et celui du dessus. Soit marier ces trois pôles dans votre cœur et vous réapprendrez ainsi à communiquer avec toutes ces forces, leurs maîtres et les rayons. Chaque fois que vous vous élèverez, vous retrouverez la même situation. Seulement, au fur et à mesure que vous progressez dans votre conscience, par paliers que l'on appelle des plans de conscience ou encore des dimensions, en passant de l'un à l'autre, vous rencontrerez les mêmes mouvements, de plus en plus subtils, avec des inter-réactions de plus en plus fortes. Cela veut dire qu'en changeant de plan de conscience progressivement, la maîtrise que vous devrez émettre sera d'autant plus grande et plus responsable. Mais voilà, il faut bien un commencement et c'est maintenant !

Prendre conscience de la vie qui est en dessous de vos pieds et de celle au dessus de votre tête, c'est accepter qu'à l'intérieur de votre corps, de votre cœur, et dans l'instant présent, les maîtres de toutes ces lois, de ces rayons, de ces couleurs agissent par votre cœur.

Cela vous installe dans la réalité de votre cœur, non pas dans cette réalité humaine, mais dans la réalité divine. Plus vous vous y installerez, plus vous ressentirez la présence de tous ces Êtres, et plus vous reconnaîtrez les différentes formes d'expression. Au fur et à mesure que vous travaillerez à unir en vous toutes les manifestations, vous deviendrez en même temps toutes ces expressions et, au gré des situations, vous pourrez utiliser le son, une couleur, un sentiment ou encore telle force ou telle autre. Dès que vous vous ouvrirez à la dimension du cœur, vous glisserez au fur et à mesure dans la réalité et dans la loi de l'instant présent. Vous réussirez à pénétrer cet espace, cette réalité et, peu à peu, vous allez lâcher prise. Ainsi, vos peurs vont être secouées, dépoussiérées puis désagrégées.

C'est un grand travail qui se présente à vous. Il sera facilité si vous acceptez tout simplement de devenir cette réalité que nous vous proposons. Cette réalité qui est déjà la vôtre puisqu'elle est déposée au centre de votre cœur.

Naturellement, à chaque instant de votre vie, vous avez des choix à faire et vous pouvez soit évoluer, soit involuer. Rien n'est statique, tout est fluidité, tout est possible ; un jour, on peut faire un pas de géant dans sa reconnexion avec la Vie et, le lendemain, trois pas en arrière. Cela est possible.

Mais je dois dire que je préfère vous regarder évoluer en faisant un grand pas en avant puis trois petits pas en arrière (ou le sens contraire), plutôt que de vous voir vous installer dans une attitude où plus rien n'est possible. Là où l'on ne peut plus évoluer ni reculer, car si vous êtes stationnaires, contrairement à ce que vous pensez, la Vie va se désagréger

peu à peu puisque elle ne sera plus nourrie du mouvement, nourrie du possible.
La Vie existe parce que vous avancez, vous reculez, vous acceptez parfois d'emprunter un chemin sinueux. Mais, lorsque l'un d'entre vous se pose et décide de ne plus avancer, de ne plus rien faire, alors la Vie, qui est mouvement, s'en trouve bloquée. Comme la Vie est mouvement et ne peut être retenue, comprimée trop longtemps, elle implosera forcément, et il n'y a plus de vie. Ainsi, je vous le dis : vous avez le droit d'avancer, de reculer, d'emprunter des chemins de traverse, de revisiter de vieux chemins, mais restez dans le mouvement ! Comprenez que vous êtes dans le mouvement et que si vous retournez en arrière, c'est qu'il y a une compréhension quelque part que vous pensiez acquise et qui n'était pas solide. Il est donc juste que vous repartiez en arrière pour un temps, pour vérifier si cette connaissance que vous estimiez sûre est bien solide ou encore frêle.

Au fur et à mesure que les mois et les années vont passer, les hommes et les femmes sérieux, c'est-à-dire les amoureux du mouvement de la Vie, se trouveront fort sollicités.
En effet, ils seront amenés à descendre de plus en plus dans une force qu'ils ne peuvent encore reconnaître, force qui est déjà en action. Cette force qui est une identité, qui Est l'Identité, c'est ***la Force cristalline***.
Ce que vous êtes aujourd'hui est appelé encore à grandir. Ce que vous êtes aujourd'hui n'est que le pâle reflet de ce que vous serez dans l'avenir. Avenir proche et lointain, mais vous êtes déjà dans cette réalisation.
Sur le chemin de la reconnexion avec votre identité, vous vous apercevrez que vous étudierez des forces bien précises : la Force d'Amour, la Force Solaire, la Force Atomique, la Force Cristalline. Et comme ces simples mots soulignent déjà l'immensité de l'identité qui est rattachée à

chacune de ces forces, cela sous-entend que vous aurez une multitude d'expériences dans l'avenir afin de comprendre, de maîtriser et d'extérioriser les lois inhérentes à toutes ces forces. La Vie est éternelle. Dans l'éternité, il y a le mouvement ; vous êtes donc appelés au mouvement et, en lui, vous retrouverez ces facultés innées qui ont été mises en réserve le temps que vous descendiez dans une épreuve sans nom, celle que vous avez vécue sur cette planète.
Alors, ne vous étonnez pas qu'au fil du temps, des hommes qui n'entendaient pas vont entendre, des femmes qui ne voyaient pas, verront, des êtres qui ne pouvaient pas ressentir, ressentiront, des personnes qui n'arrivaient pas à s'exprimer, utiliseront le verbe avec aisance. Puisque cela se présente à vous maintenant. Je vous invite ici à comprendre que ce qui se profile n'a rien d'exceptionnel. Cela accompagne le travail que vous allez faire sur votre propre grille magnétique. Car, si mon ami Kryeon a construit la grille magnétique autour de cette planète, il n'en sera pas de même avec la construction de la grille magnétique à l'intérieur de vos corps. Celle-ci, je viens **vous aider** à la construire. Je vais donc impulser des réactions à l'intérieur de chacun d'entre vous et, au fur et à mesure qu'elles s'amplifieront, vous affinerez des choix puis vous émettrez et prononcerez ces choix. Ainsi, vous allez construire un carrefour et, de carrefour en carrefour, de ligne en ligne, cette grille magnétique se dessinera en vous. Tantôt, je serai ferme et je manierai l'épée comme je l'ai fait dans les premiers livres, tantôt, comme en ce moment, je serai douceur. Je manifesterai l'Amour puisque, quand j'aurai bien souligné un travail à l'intérieur de vous en coupant des champs de forces beaucoup trop utilisés, il me faudra ensuite apaiser la mémoire que j'aurai soulevée. Quand j'aurai apaisé et qu'à nouveau, vous serez prêts à une autre élévation, je redeviendrai cette force, cette épée qui viendra pointer certaines faiblesses dans votre regard-sentiment-

pensée. Oui, tantôt je serai l'épée, tantôt, je serai la main d'amour qui viendra vous caresser. De toute manière, je serai ce verbe fluide qui vous inondera dc mots afin dc vous nourrir autant de l'intérieur que de l'extérieur.

Sachez que toutes les nuits, pendant votre sommeil, le collectif s'affaire à induire en vous des réactions. En effet, toutes les nuits, vous passez tous auprès du Collectif SORIA. Parfois, individuellement, parfois, en groupe et vous recevez une forme d'enseignement. Dans votre repos nocturne, nous déposons une somme d'informations ; le jour, dans votre forme éveillée, nous vous offrons des instants de partage, soit au moyen de livres, de conférences, soit grâce aux ateliers que j'anime et d'autres rencontres encore. Le jour vient stimuler le travail qui est fait la nuit.
Désormais, le Collectif SORIA joue en permanence sur votre structure. Je viens déranger ce qui a été construit et solliciter l'ouverture de nouveaux champs de forces. Et cela va continuer ainsi pendant plusieurs années. Ceci signifie que vous n'aurez pas un seul instant de répit durant cette décennie. Je ne parle pas uniquement pour vous qui êtes présents dans cette salle, mais bien pour la population urantienne entière. Nous n'oublions aucun membre et, lorsque nous disons *nous n'oublions aucun membre*, nous intégrons tous les membres de la famille végétale, ceux des familles animale et minérale. Mais également tout ces groupes d'êtres qui vous accompagnent depuis la nuit des temps dans ce cheminement intérieur, les élémentaux. Nous intégrons pareillement tous les Anges vous entourant jusqu'aux Archanges. Vous n'êtes pas seuls, vous ne l'avez jamais été et vous le serez encore moins demain !
Pourtant, au fur et à mesure que votre conscience s'ouvrira à une dimension plus grande, ces êtres vous accompagnant vont juste se reculer en vue de créer un peu plus d'espace puisqu'il vous faudra impérativement en maîtriser

l'expression. Pour cela, tout en étant près de vous, ils estomperont leur présence pour vous donner l'illusion *d'avoir* cet espace, c'est-à-dire d'être seuls. Et, en pensant vous trouver seuls, plus personne ne répondant à vos sollicitations, vous serez obligés de mettre en place la force, les lois qui accompagnent ce nouvel état d'être. Quand vous émettrez le rayon correspondant, vous retrouverez toute cette famille qui a toujours été là. Demain sera vraiment très riche parce que vos yeux vont y enregistrer des données puissantes. Vos yeux vous permettront de comprendre que tous les enseignements distribués par le passé avaient une grande réalité. Oui, demain, vous retrouverez la famille cosmique, toute cette famille universelle qui vous a accompagnés dans l'ombre tout au long de ces errements, de cet oubli de qui vous êtes. Vous verrez que *la forme* est bien une multitude d'expressions.

Je vous invite à être très attentifs, car ce que vos yeux vont enregistrer vous dérangera au plus profond de vous-mêmes. Des mémoires se soulèveront, mais vous aurez aussi les peurs qui les accompagnent. Ce processus est immuable. Votre bande magnétique, votre mémoire akashique personnelle, représente une banque de données. Sur celle-ci est inscrite votre personnalité avec votre cheminement dès l'instant où vous êtes nés dans les Cieux. Sur cette bande se trouvent donc les rencontres effectuées à l'intérieur de ce premier Cercle atomique de Vie. S'y inscrivent toutes les amitiés, les inimitiés vécues, les forces qui vous ont blessés, celles qui vous ont nourris. Et, à chaque mémoire sur cette banque de données, vous retrouvez les impressions, avec les peurs qui ont permis soit de vous ouvrir et de vous raccrocher à une compréhension supérieure soit, au contraire, de vous recroqueviller sur vous-mêmes et de poser un voile. Ainsi, à chaque fois que votre banque de données vous renverra une parcelle de qui vous avez été

dans le passé, vous aurez l'impression, la vision, mais aussi la douleur qui a accompagné éventuellement cette situation. S'il vous plaît, ne vous identifiez pas à ce que vous allez redécouvrir de vous-mêmes.
Le passé est ; il a permis que vous deveniez ce que vous êtes aujourd'hui. C'est-à-dire la compilation de l'aisance et de la difficulté au sein de l'incarnation dans la densité. Vous êtes complets puisque ce présent est le résultat du passé. Sachez simplement qu'aujourd'hui va sans doute vous délivrer une part de la mémoire qui vous appartient. Il vous donne un terrain idéal afin de vous libérer de ces impressions qui ont marqué votre mémoire akashique. Ceci signifie que la Vie vous offre la possibilité de poser un regard d'amour et de paix sur votre passé d'être. Et si vous parvenez à poser ce regard d'amour et de paix, votre mémoire akashique se libérera de cette cellule, de cette mémoire précise. Vous n'en aurez plus besoin puisque vous aurez aimé ce que vous avez revu, entendu ou senti. Aujourd'hui, vous êtes la somme d'hier ; demain, vous serez la somme d'aujourd'hui et d'hier. Comprenez : pour pouvoir poser les bons chiffres avec les signes qui les accompagnent pour faire cette addition, il vous faut aimer ce que vous êtes dans l'instant présent.

Vous ne pouvez plus vous avancer dans le futur sans commencer à aimer ce que vous êtes. Par conséquent, à aimer cette banque de données qui s'est inscrite au fur et à mesure de vos anciennes incarnations. Vous êtes incités à devenir l'Amour ! Pour qui ? Mais pour vous-mêmes ! Avant d'aimer les autres, essayez de vous aimer. Il est tellement plus facile d'aimer les autres que de s'aimer. Avez-vous remarqué que lorsque vos regards se posent sur l'autre, vous pouvez aimer sans difficulté ? Mais, quand vous vous placez devant un miroir et que votre regard capte l'image reflétée, il n'y a pas d'amour. On ne voit pas d'amour dans votre regard, ou vous êtes si peu à éprouver ce sentiment. Si je devais choisir un terme pour vous inviter à retrouver l'union de qui vous êtes, ce serait : aimez-vous tels que vous êtes en l'instant présent ! Ne cherchez pas à être autre chose que ce que vous êtes, mais SOYEZ ce que vous êtes !

Tout au long de cette soirée, vous avez été accompagnés par les grands Maîtres de la Flamme violette. Ceux qui la régissent sur cette planète et, également, ces Êtres qui la régissent sur d'autres sections plus élevées que votre système solaire.
Ils ont accepté de répondre à ma demande, de venir auprès de vous et de faire un travail de transmutation. C'est pour cela que je vous ai sollicités afin que vous vous ouvriez avec le cœur pour recevoir cette nourriture qui descendait tout au long de cet échange.
Sachez que si, vous, présents dans cette salle, avez reçu cette nourriture, vous n'êtes pas vraiment privilégiés car, en réalité, au fur et à mesure que vous vous êtes ouverts, ce groupe d'Êtres élevés a pu transmettre cette même nourriture à l'humanité. Ainsi, vous avez travaillé ce soir pour vous-mêmes et pour l'ensemble de cette planète. C'est vrai que ces grands Maîtres, que j'honore, oeuvrent sans avoir besoin de se déplacer dans de tels lieux. Mais nous avons décidé d'unir nos forces, nos rayons afin d'amplifier le travail de la Flamme violette.
Comme elle a travaillé, il y a eu une transmutation d'une part de votre passé, d'une part du passé de cette humanité, mais aussi une stimulation de votre présent et donc de votre futur.

Nous avons essayé de nourrir chacune de vos cellules, de soulever en elles une partie de cette mémoire ancestrale qui bloquait votre fluidité. Nous tentons d'offrir à cette humanité la possibilité de se dégager un peu plus vite des scories qui la gênent. Demain, nous pourrons voir à quel point ce travail a porté ses fruits. Peut-être que ces fruits ne viendront à maturité que dans plusieurs siècles ou dans quelques semaines... Pour nous, le temps n'a pas d'importance. Ce que nous avons semé ce soir est extrêmement important et nous savons que nous récolterons la semence, de toute manière, cette récolte sera exceptionnelle ; cela, nous n'en doutons pas. Nous savons que cette humanité est appelée à vivre des choses bien particulières et vous faites partie de cette humanité ! Si aujourd'hui et demain seront encore des jours où vous rencontrerez la difficulté, gardez en mémoire que vous êtes travaillés pour ce que vous donnerez à la Vie dans le futur. Sachez que vous occuperez cette place et acceptez d'être travaillés intimement pour pouvoir retrouver une fluidité que vous avez perdue tout au long de cette expérience.

Si vous le voulez bien, je vous demande de vous tenir la main, de descendre votre conscience à l'intérieur de votre cœur.
Je vous invite à vous connecter par la pensée aux Seigneurs de la Flamme violette et cette connexion se fera justement à l'intérieur de votre cœur. Acceptez d'être un canal et de vous offrir à ces Seigneurs de la Flamme violette afin qu'ils émettent un rayon par vous puis, la seule chose à faire, est d'aimer ces instants.

Que la grâce et la beauté de la Flamme violette qui vous traverse en ces instants trouvent cette nourriture qui est l'Amour et glissent sur cette planète afin de nourrir chaque membre de la famille humaine.

Je vous demande de laisser couler cet amour que vous avez toujours eu en vous, de le laisser s'épancher dans ce fleuve de lumière violette qui vous traverse. Faites-vous don pour vos frères et sœurs.

Soyez remerciés de ces instants, soyez bénis de vous être offerts à ce fleuve de lumière.
Et je rends grâce, je remercie tous les Seigneurs de la Flamme violette d'avoir accepté de quitter leur demeure et de pénétrer l'espace de cette salle afin d'offrir une guérison, une transmutation, une paix collective à cette planète.

Tout doucement, je vais me retirer et vous laisser. Sachez qu'au long de cette soirée, au-delà de la présence de ces Maîtres de la Flamme violette, vos Moi supérieurs étaient présents avec vos anges et vos guides.
Toute cette présence a su profiter de votre ouverture pour rétablir une connexion plus grande afin que la communication fluide et harmonieuse se rétablisse entre chacun.
Je vous aime ! Vous êtes aimés, alors, maintenant ***AIMEZ-VOUS !***

7

Demeurer attentif

Enfants de la Terre, enfants de cette si belle planète.
Vous qui êtes descendus des étoiles afin d'animer cet endroit, le cœur, le cœur de la Vie, je viens à l'intérieur de vous réanimer doucement la flamme qui y fut déposée un jour fort lointain.

Ô combien nous vous aimons, combien nous vous portons quand vous êtes dans des instants de grande difficulté, quand votre esprit est cerné de toute part et qu'il n'arrive plus à communiquer avec nous. Aujourd'hui, nous nous retrouvons dans une période où, justement, l'Esprit est cerné de tout côté. Au fur et à mesure des instants du passé s'est construite une muraille, une barrière dans les plans subtils qui vous empêche d'aller vous ressourcer.
Oui, nous sommes dans une de ces périodes difficiles où le mental est activé à outrance. Où l'on vous dit que si vous ne pensez pas, vous n'êtes pas quelqu'un de sérieux. Mais ô combien vous êtes submergés par des ondes tournoyantes qui vous empêchent de retrouver votre fluidité, votre identité, vos pouvoirs. Croyez-vous que cela est naturel ? Non ! Cela est construit de toute part et vous êtes en train de vous laisser piéger ; parce qu'on vous offre un confort physique, on essaie d'endormir vos dernières résistances. Oui, bien sûr, il y a une poignée d'hommes et de femmes qui commencent à se réveiller. Toutefois, nous avons besoin que la multitude se réveille. Oh ! Non pas pour rentrer au bercail, mais pour que chaque homme, chaque femme,

redevienne autonome à l'intérieur de son identité, de l'Identité qui fut déposée au cœur de ses cellules.

Sur cette planète, tout est faussé à l'heure actuelle. On vous présente une panoplie de choix afin que les choix primordiaux ne puissent pas venir vous effleurer. Instants difficiles où une planète peut sombrer s'il n'y a pas de bonnes âmes. Oh ! Non pas *bonnes* parce qu'elles sont pieuses et saintes, bonnes parce qu'elles aiment, elles honorent tellement la Vie qu'elles s'offrent durant un moment pour secouer la torpeur qui existe, sur cette planète ou une autre. Ces âmes acceptent de venir et de transmuter des énergies. Et voilà que ces hommes et ces femmes passent par une période difficile pour reprendre conscience dans la matière.
«Comment ? Là, maintenant, tu dis retrouver ton identité, avoir des aspirations, mais regarde dans quel état tu es ! Eh bien non, je préfère rester comme je suis !» Oui, c'est vrai, pas facile quand on les voit ! Alors qu'ils menaient une vie tranquille, rangée, c'est-à-dire une vie sociale telle que l'on vous la présente, ou vous l'impose. Tous ces hommes et ces femmes entrent d'abord dans une période où, à peine levés, ils sont fatigués. Parfois même, ils n'ont pas le moral, se retrouvent dans des situations qu'ils n'ont pas appelées, qui semblent leur tomber dessus. Vu de l'extérieur, pour beaucoup même, ils apparaissent un peu *fêlés*. Pourquoi ne restent-ils pas tranquilles chez eux ? Pourquoi ne vont-ils pas simplement au travail le matin comme tout le monde pour rentrer le soir et s'installer devant un poste de télévision à digérer des programmes (bien indigestes) ? Pourquoi ne se contentent-ils pas finalement d'une pizza ou de ces aliments génétiquement modifiés ?
Bien sûr, ils sont fatigués puisqu'ils vous aiment tellement qu'ils prennent une partie de vos énergies et les digèrent !

C'est vrai qu'ils ont également une part de leur histoire à transformer, mais une grande partie ne leur appartient pas. D'ailleurs, si vous les interrogez, vous verrez qu'ils ne comprennent pas toujours pourquoi ils sont dans des situations difficiles.
Avec toutes ces ondes qui saturent votre atmosphère, il n'est vraiment pas facile d'être toujours bien centré et d'accueillir cette source d'énergie qui est la leur, cette lumière qu'ils ont déposée avant de s'incarner. Ah oui, j'oubliais ! Vous savez, ces hommes et ces femmes ayant accepté de descendre pour aider les autres, ont travaillé au préalable à construire des réservoirs d'énergie en sachant qu'ils allaient en avoir besoin ! Quand ils sont dans la matière, c'est-à-dire parmi vous, la multitude, lorsqu'ils s'ouvrent et acceptent de prendre leur place, ces réservoirs descendent et les nourrissent, c'est leur propre énergie parce qu'ils l'ont prévue pour cela. C'est leur dû. Nous sommes auprès d'eux, bien présents pour les aider, mais nous restons souvent dans l'observation, car nous savons qu'ils doivent émettre une certaine volonté. Il leur faut éprouver la difficulté, réussir à s'ancrer à l'intérieur de leur énergie et de leur amour. Puis, il reste la dernière petite clef : nous appeler. Seulement quand il y a eu la demande, nous intervenons. Nous voyons parfois des êtres se fourvoyer dans des épreuves qui ne vont rien leur apporter, mais ils sont créateurs, et s'ils décident de visiter un chemin qui n'était pas prédestiné, nous surveillerons afin de voir ce que celui-ci induira comme réaction. Même si, à un moment donné, ils décident de nous *laisser tomber* et de ne pas remplir leur contrat, tout reste bien, ils seront respectés et aimés de nous.

Et vous ? Qu'avez-vous décidé de faire de votre vie ? Avez-vous décidé de rester dans cette attitude où vous réagissez mécaniquement, où vous ne mangez pas en conscience, où vous travaillez *parce qu'il le faut puisque, à la fin du mois,*

vous avez un loyer à payer et si vous voulez manger, il faut bien avoir de l'argent dans le porte-monnaie. Enfin, est-ce que vous restez dans cette attitude de soumission ? Parce que c'est de la soumission ! Oh non, pas de la soumission au premier degré, mais dans des plans subtils. Vous êtes soumis à un schéma de société parce que vous avez finalement besoin d'être reconnus et pour l'être, vous avez accepté de renier votre identité, d'être ces Monsieur et Madame Tout le monde qui court du matin au soir, se couche éreinté, se lève tout autant, et qui ne sait pas quoi faire vraiment de sa vie. Et qui d'ailleurs se pose souvent une foule de questions car, finalement, qu'est-ce-que la Vie ?
Vous êtes nombreux à courir sans but, sans savoir. Cela est normal : vous lever le matin, aller travailler puis rentrer le soir, boulot et dodo ! C'est bien ce que vous dites de votre existence : *Boulot-Dodo* ! Ah oui ! Il y a tout de même les vacances ! Alors, pendant cette période, il faut profiter de ces jours que l'on vous octroie. Combien de temps de vacances avez-vous ? Six semaines ? C'est à peu près cela maintenant ; sur 52, c'est réduit n'est-ce pas! Pourtant, vous avez décidé que vous vous activeriez durant celles-ci. Peut-être partirez-vous dans certains clubs où vous aurez d'autres hommes et femmes qui vous organiseront vos journées. Vous irez sans doute nager dans ces piscines où l'on vous donnera quelques exercices en vous disant : «Il faut maintenir votre corps en bonne santé !», puis «Maintenant, c'est l'heure de la sieste, vous avez des transats, vous pouvez les utiliser !», ou encore «Mais nous allons vous organiser vos soirées !» et «C'est l'heure du repas»... Des instants, tant d instants qui vous feront plaisir au premier abord et qui ne vous apporteront rien, car tous vous éloigneront de qui vous êtes et ne vous permettront pas d'entrer dans cette phase dont vous avez tant besoin : le

repos mental, le repos du cœur, le repos de l'esprit, le repos de l'âme et le repos du corps !
Ainsi, au bout de quelques années, soit votre corps, soit votre âme, soit votre esprit sera mécontent. Tellement que, du jour au lendemain, vous vous lèverez grincheux. Puis vous deviendrez moroses et, tout d'un coup, vous aurez envie d'envoyer tout balader. Le conjoint ? Oh, il n'est plus adapté ! Adapté à quoi ? Ah oui, à vos pensées ! C'est vrai, vous avez pris un chemin et lui ne le suit pas. Et la nourriture, bah ! Ce n'est pas bon ! Ensuite, le boulot : il ne me plaît plus ! Vous allez donc partir dans un tourbillon en quête de quelque chose. Difficile quête puisqu'au bout de quelques mois, vous vous apercevrez qu'aucun emploi ne vous correspond, qui vous apporterait ce je ne sais quoi pouvant vous plaire éventuellement.
Vous vous rendrez compte aussi qu'en claquant la porte, vous passerez de compagnon en compagnon, de compagne en compagne, car ce que vous n'avez pas réglé avant, vous devrez bien le comprendre.
Oh, peut-être la forme changera-t-elle, mais les problèmes resteront. Ainsi, vous vous activerez encore et encore à l'extérieur de vous. Vous croirez que là où il y a du mouvement se trouve quelque chose que vous pourriez trouver et qui vous apporterait la paix.
C'est exact, la vie d'aujourd'hui n'est pas facile.
Avant, oh, je parle d'un avant lointain, la préoccupation des hommes était de se bâtir une maison, de retourner un bout de terre pour avoir quelques légumes. Ils élevaient un peu de volaille pour avoir des œufs, prenaient soin de la nourriture puis essayaient de construire une cellule familiale où il y avait des échanges. Et pour ces échanges, ils passaient volontiers des soirées ensemble, à discuter, à parler de tout et de rien. On évoquait ce que le voisin avait vécu et, finalement, c'était un très bon enseignement. Ils aimaient ce qu'ils faisaient, mais aujourd'hui, regardez-vous ! Vous êtes

dans un travail, parce qu'il faut manger, payer les factures, mais vous n'aimez plus ce que vous faites. Vos légumes, vous ne les cultivez plus ; votre maison ? Oh ! Vous n'avez pas le temps de la bâtir, et comme vous n'avez pas beaucoup d'argent, si vous décidez de devenir propriétaire, vous prendrez naturellement tout ce qui est bas de gamme. C'est le mot n'est-ce pas pour désigner le premier venu ou la première venue car sinon, les traites seraient tellement élevées ! Vous ne pouvez rien faire d'autre. Ah, il faut encore la voiture pour se déplacer ! Avant, il y avait les bêtes qu'on attelait, pas d'essence ; et ce contact avec la bête ! Est-ce que la voiture vous parle ? Que vous dit-elle ? Est-ce qu'elle parle à votre cœur ? Nourrit-elle votre être ?
Dans ce temps. il n'existait pas de télévision, alors ils occupaient leur soirées à la créativité ou à autre chose. Non ! Ne croyez pas que je veux dénigrer le progrès ; ce n'est pas cela. Voyez-vous, il y a des Univers où il est bien plus avancé que ce que vous connaissez. Seulement, ce progrès, enfin, la technologie, y est au service de l'Amour, de la Fraternité. Cette technologie actuelle n'est pas là pour vous servir, mais pour vous desservir. Vous êtes les prisonniers et les robots de cette "grande" technologie, énorme différence.

Je veux vous rappeler une très belle machine bien rôdée, merveilleuse, qui vous sert par Amour : ce corps physique, ce véhicule que la Vie vous a donné. C'est beau, n'est-ce pas un corps physique quand il fonctionne bien. Est-ce que vous l'aimez ? Ce corps qui vous permet de marcher, d'avancer, de voyager là où vous voulez. Cette belle machine qui vous amène à penser, ressentir, observer, aimer, aimer sur tous les plans, physique et subtils. Et toutes les graduations de l'Amour ? Y avez-vous pensé ? La fraternité, c'est une des facettes de l'Amour, l'amitié aussi. Oui, vous avez un très bel outil, qu'en avez-vous fait ? Est-ce que vous l'écoutez ? Vous appelez, vous invoquez le Ciel ! Vous voulez que les choses changent. C'est bien et nous sommes heureux d'accueillir vos appels et vos demandes. Pourtant, je vais vous livrer un grand secret, si vous voulez ressentir notre aide : ***tournez votre regard à l'intérieur de vous***, c'est-à-dire tournez votre regard ***dans*** votre corps. Regardez cette lumière que nous vous envoyons, écoutez ce que nous essayons de vous dire. Voyez-vous, tout le monde n'a pas encore *la chance* de pouvoir entendre un être des étoiles lui parler.

En cet instant où je m'exprime, d'autres êtres parlent et tous leurs mots, M.O.T.S, ont de l'importance. Des myriades d'êtres se tiennent dans l'éther de votre planète et sur les mondes subtils et vous parlent à l'intérieur de vous. Ce langage-là, vous l'avez oublié et lorsqu'on vous parle, vous ne prêtez pas votre oreille intérieure. Quand on essaye d'induire une réaction dans votre corps pour vous dire "Non, ne mange pas cela, mais tends plutôt ta main vers ce légume, cet apport est préférable !", on tente de vous le signaler puisque nous, ici, nous voyons bien de quoi est fait vos aliments. On distingue s'ils sont emplis de lumière ou s'il n'y en a pas.

Le corps physique, c'est de la lumière densifiée ! Y avez-vous songé ? Or, si vous voulez que cette lumière reste une belle fontaine lumineuse, il faut penser qu'elle a besoin d'être entretenue et qu'est-ce que cet entretien? De la lumière ! Oh, pas forcément un rayon de soleil (cela peut l'être aussi), mais c'est écouter, entendre ce que votre corps souhaite pour maintenir la brillance de sa lumière.

Puis, je tiens à vous le rappeler : vous avez également besoin d'une autre nourriture, l'amitié. Vous avez besoin de parler, d'échanger, de renouer des liens fraternels. Peut-être dans votre famille ou dans votre entourage ; là aussi, voici une véritable nourriture, qui viendra entretenir des plans plus subtils en vous. D'autres types de nourriture peuvent transiter à l'intérieur de livres. C'est bien votre mental qui sera alors nourri, mais aujourd'hui, vous êtes un état, un état d'être, soit un corps physique qui a accueilli une âme et une parcelle d'esprit. Tous les trois ont besoin de recevoir une nourriture. Vous pouvez privilégier l'un ou l'autre, mais si les trois ne la reçoivent pas (pas forcément en portion égale), votre harmonie sera déstructurée et vous pouvez entrer dans une période où vous serez fragilisés. C'est bien de songer aux étoiles, mais il faut penser à la terre, à votre vie de tous les jours et y trouver votre harmonie. C'est comme cela que vous ferez la paix en vous-même. Si vous êtes en paix, vous trouverez la paix dans votre quotidien puisque la paix se construit à chaque instant, La Paix est un état d'être. La Paix est une pensée, une énergie. Une énergie, c'est un moteur ; mais ce moteur a besoin de source énergétique, d'entretien. Peut-être qu'il est temps de comprendre que si nous sommes prêts à vous aider et à vous apporter de l'énergie sous une forme ou une autre, vous devez commencer à redevenir autonomes à l'intérieur de votre corps. Redevenez responsables de votre merveilleuse machine, et vous devez à nouveau en maîtriser les commandes. Aujourd'hui, vous avez de l'aide de tous les côtés ; sachez qu'avant tout, cette aide ne pourra devenir efficace que si, vous, vous commencez par vous aider.

Les êtres des étoiles viennent de tous les horizons ; ils ont pour mission de vous accompagner, de vous aider dans cette tâche qui est de rétablir la paix sur cette planète, de réinstaller une lumière parlant de l'Identité divine. Toutefois, il nous faut trouver des racines et, ces racines, c'est vous, personne d'autre.

Ces lieux sont magiques. Oh ! Je ne parle pas de cette salle, mais de cette région. Voyez-vous, dans les Pyrénées, il fut un temps où des êtres de lumière responsables ont déposé des forces en attendant que le moment soit favorable pour les réveiller. Cette région porte en son sein des énergies particulières faisant d'elle une région un peu magique où tout est possible, où le réveil de l'humanité peut se faire. Aussi, vous qui l'habitez, comprenez que vous êtes bercés par un potentiel unique. Pourtant, si vous demeurez ici, si ce potentiel est à votre disposition, peut-être avez-vous des responsabilités envers ce dépôt. Vous serez sollicités finalement un peu plus que les autres par la Vie pour redevenir maître de votre corps, de votre autonomie, de votre santé, de vos pensées, de votre énergie, de votre lumière.

C'est vrai que votre planète est réclamée. Elle a été réclamée par des frères et des sœurs de lumière. Tout doucement, la planète elle-même a accepté d'entrer dans son couronnement. Par conséquent, tout bouge, et c'est merveilleux parce que, vous, vous êtes venus dans cette période. Tout bougera de l'extérieur et tout bougera de l'intérieur ; savez-vous ce qui va vous rester ? Uniquement la lumière que vous aurez établie dans votre cœur, dans votre pensée. Il ne vous restera que cette force que vous aurez travaillée dans des situations parfois difficiles.

Il ne demeurera que cette fraternité que vous aurez établie entre toutes les personnes que vous connaissez où que vous allez connaître.
Il ne subsistera peut-être même que l'échange, l'échange de tout bord.

10

Au carrefour de toutes les saisons

Je vous salue, je suis heureuse de vous accueillir en ces instants.
Ensemble, nous allons dire au revoir à l'hiver et accueillir les énergies du printemps, période riche, intense. Ces changements de saison ne sont pas anodins sur le comportement des êtres, de la nature, sur l'évolution de votre corps, de vos fluides, de vos pensées et de vos actions.
Vous avez vécu très mécaniquement tous ces changements de saison, oubliant de faire la pause entre deux, oubliant de saluer les flux qui vous ont visités et permis d'obtenir une ouverture de compréhension ou l'intégration d'une énergie accueillie dans la saison.

Vous comprendrez qu'à force de ne plus investir votre quotidien, de ne plus être partenaire avec lui, vous avez perdu toute notion d'équilibre, de santé. Vous vous démenez, vous ne savez plus ce que vous devez faire, vous courez à droite et à gauche, vous cherchez toujours ! Eh bien oui, vous faites cela dans un premier temps, mais ça ne vous mène qu'à une dispersion.
Vous devez donc reprendre en charge votre quotidien, vivre pleinement chaque instant de votre vie. Cessez d'être dans une chute en avant ou en arrière, car vivre dans le passé est une chute, vivre dans le futur est une chute. Vivre dans le présent, vivre dans l'instant, c'est incarner, ancrer la Vie qui coule en vous. C'est être partenaire de la Vie.
J'ai demandé ce partage. Vous n'êtes pas nombreux mais, moi, j'avais simplement besoin de cet instant pour faire

glisser les énergies qui vont, tout au long du printemps, dérouler leurs fils et vous permettre de lire la compréhension que j'espère ; vous accueillerez, reconnaîtrez, identifierez puis intégrerez.

À chaque changement de saison, les énergies évoluent, vous permettant d'ouvrir des portes nouvelles. Votre corps possède une multitude de portes s'ouvrant ou se fermant et je vais m'appuyer sur ces possibilités intérieures que votre corps offre à la Vie pour effectuer mon travail.
Voyez-vous, je suis entrée en fonction officielle en l'année 2003, et je travaille sur votre grille magnétique humaine. Mais qu'est-ce qu'une grille magnétique sinon des points précis, des carrefours où la magnétique circule. Et la magnétique c'est l'élément Terre à l'intérieur de votre corps. Surtout, ne croyez pas qu'il possède un quota *Terre* très élevé, il n'en est rien, car plus il y a d'élément Terre dans un corps et plus vous descendez dans la densité. Alors que votre corps, celui qui vous a été prêté pour acquérir une vue plus grande de la Divinité, de la Lumière incarnée, a été conçu de manière à évoluer avec fluidité et à circuler avec aisance d'un élément à l'autre. C'est-à-dire de pouvoir être partenaire avec l'élément Eau, l'élément Terre, l'élément Feu et avec l'élément Air. Je crois, si je ne me trompe, que vous avez oublié que votre corps est constitué de ces quatre éléments !
Je viens vous dire que je travaillerai principalement sur l'élément Terre de votre corps, Et également sur la terre, celle que vous touchez, qui permet d'accueillir des germes. Vous savez, cette terre que vous retournez au printemps et à laquelle vous donnez des semences qui vont faire des racines, grandir puis s'élever vers le ciel, se nourrir du soleil et vous offrir des fruits. Ces fruits et ces légumes que vous mangez avec des céréales et qui constituent vos repas. Ce qui se passe à l'extérieur dans l'élément Terre, j'en ferai de

même à l'intérieur de vous. Je vais prendre cet élément, le secouer, le bousculer, l'aérer puis je planterai des germes de vision, de senteur, de chaleur, d'identités nouvelles. Cet élément Terre, qui est vraiment en proportion très réduite dans votre corps, a ses entrées, des points névralgiques qui lui permettent de faire circuler les autres éléments. Car l'élément Terre a besoin de recevoir l'Air pour s'oxygéner, l'Eau pour se nourrir et le Soleil pour se réchauffer.

Je commence mon travail sur cet élément à l'intérieur de votre corps et je déplacerai certaines portes qui ne vous servent plus à rien aujourd'hui puisque vous les avez totalement oubliées. Ensemble, nous allons les fermer puis nous dirigerons le flux de Vie vers d'autres points qui sont déjà en vous. Ce que je vais faire, c'est simplement dévier les énergies, les guider vers des points stratégiques puis connecter ceux-ci les uns aux autres. Je ne fais rien d'autre que cela, car vous êtes venus dans la densité, dans ce corps, avec tous ces points névralgiques. Je ne vous en donne pas plus et ne vous en retire pas. Par contre, j'en déconnecte certains et j'en mets d'autres en avant dans leur fonction.

Donc, il s'agit bien d'oeuvrer dans votre corps, de faire émerger une autre identité, un paysage différent. Bien sûr, quand je vais appuyer sur certains points pour qu'ils se réveillent, il y aura des réactions car, selon les personnes, ces portes sont actives ; chez d'autres, pas du tout. Par conséquent, vous vivrez des moments parfois un peu lourds en apparence, mais sachez simplement qu'un travail cellulaire profond s'accomplit. C'est dans l'atome même de vos cellules, dans cet élément, que je chercherai des éclairs nutritionnels permettant à ces points stratégiques de se mettre en fonction, en radiance, en sonorité. Ne l'oubliez jamais, à l'intérieur de votre corps il y a autant la lumière, les sons que le parfum, que votre identité, les quatre éléments. Il y a tout cela et bien plus.

Tout doucement, je vous instruirai sur la beauté et sur toutes les possibilités que vous réserve ce corps physique. Oh ! Vous l'avez oublié, car cela vous arrangeait dans un premier temps de perdre cette connaissance, puis on vous a aidés à aller encore bien plus loin, mais c'est toute une histoire, l'histoire de votre passé.

En ces instants où vous allez accueillir les énergies du printemps, j'appuierai sur d'autres portes intérieures. Je vous parlerai un peu de votre passé, pas du passé immédiat, mais de ce passé antérieur qui a permis toute la déviance sur cette planète.

Dans ce passé, des êtres sont venus vous voir et vous ont suggéré que cela n'était pas forcément bien de penser de votre manière, que la Vie divine n'était peut-être pas comme vous le pensiez. Ils ont ainsi semé simplement un germe de doute, et le doute dans votre pensée de créateurs a permis, favorisé l'oubli complet de votre identité. Et vous avez joué ce jeu pendant des milliers d'années. Je ne vous dirai pas combien, cela vous affolerait et ce n'est pas le but. Ce que je veux vous faire comprendre, c'est qu'à force d'écouter les paroles des autres, de croire que ce qu'ils disent est meilleur ou porte une part de vérité, vous avez déposé complètement votre identité et fini par renier totalement les forces qui circulent à l'intérieur de votre corps. Vous avez renié votre identité, votre divinité et, tout naturellement, vos pouvoirs se sont mis en sommeil. Vous n'avez pas à jeter la pierre à quelqu'un d'autre. Voilà ce qui s'est produit : vous avez accepté pleinement un seul germe de doute, et cela a fait de vous des robots humains marchant, mangeant, oubliant de penser, ne sachant plus qui ils sont, se couchant aux heures qu'on leur dicte, se levant aux aurores parce qu'il faut *aller travailler* et vous en avez oublié de vivre avec les quatre éléments qui résident à l'intérieur de vous.

Un élément vous dit : «Prends le temps de t'asseoir, écoute-moi, regarde-moi ; j'ai beaucoup de choses à te communiquer». Et un autre : «C'est l'heure de bouger ou de déposer une énergie, l'heure de chercher d'autres semences». Puis, un troisième susurrera doucement : «Si tu me fais une place, moi, j'ai beaucoup de choses à te donner». Le quatrième attend patiemment et vous observe … Finalement, il se met au repos. Pourquoi s'activer puisque, de toute manière, ses actions sur l'être qui l'accueille ne sont pas suivies ! Pourquoi dépenser des quotas d'énergie, sa puissance, sa force, sa radiance ? Non, il vaut mieux attendre.

Ces quatre éléments vous parlent de votre attitude, mais également de l'Univers, des forces de l'Univers, c'est-à-dire de NOS forces.
Ils évoquent cette première naissance grandiose qui vous a permis d'aller explorer un monde imaginaire, un monde sorti de l'imaginaire car, n'en doutez pas, le monde de la densité n'est que cela : un monde d'illusion. Dans ce monde de l'illusion, vous pouvez toucher du doigt la trajectoire de vos pensées et de vos créations. Et il est bon ici de vous rappeler que vous êtes en pleine mutation et que cette trajectoire est également entrée en mutation. Mais cette mutation est totalement différente, car elle s'aligne sur le mouvement du Temps qui est une matrice, et cette matrice évolue désormais beaucoup plus rapidement. Le temps est accéléré, sa rotation est rapide, aussi, le chemin de vos créations (vous avez une multitude de créations au quotidien) emploie maintenant cette rotation rapide. Entre le moment où vous émettez la pensée qui génère une création et le moment où vous en recevez le moule fini, vous pouvez vous rendre compte que le temps s'est amoindri. Avant, il se passait deux ou trois vies avant de recueillir le résultat de vos pensées. La matrice du Temps s'étant accélérée tout

doucement, vous êtes passés à une vie puis, au cours de cette existence présente, de quinze ans à dix et de dix ans à cinq ! En ce moment, nous voyons cette matrice se rétrécir encore. Vous avez un laps de temps d'environ un à deux ans entre le moment où vous émettez vos créations et celui où vous en accueillez le moule fini.

Ce moule est comme vous l'avez pensé, non pas comme nous vous l'envoyons. Là aussi, sachez qu'il vous faudra réviser cette approche. Vous pensez que nous vous transmettons des moules finis, des rencontres, des rendez-vous, que nous créons tout cela. Eh bien, en cet instant, je vais officiellement vous dire que nos interventions sont vraiment réduites au strict minimum et tout ce que vous accueillez dans votre vie est le fruit de votre mental, de votre sentiment, de votre vision, de vos choix, de vos préférences. Si je devais donner un pourcentage, je dirais que nos interventions (ce que nous injectons dans votre vie), représentent 1%, et 99% de ce que vous vivez est le fruit de vos créations ! Aussi, s'il vous plaît, en ces temps où nous revenons vers vous, nous vous demandons de cesser de nous mettre sur le dos des paramètres que vous créez dans votre quotidien. Cessez de croire que nous sommes de vilaines fées qui viennent vous embêter, vous titiller, que nous nous plaisons à mettre de la grisaille dans votre vie, car il n'en est rien. Nous avons énormément de travail de notre côté et ne pouvons nous pencher avec autant de persévérance sur votre vie ni créer une multitude de rendez-vous, parfois fallacieux, qui de toute manière vous amènent à la déprime, de rendez-vous en rendez-vous. Et ils ne vous satisfont pas puisque bien souvent, ce que vous vivez n'est pas du tout harmonieux.

Nous, nous ne pouvons émettre quelque chose d'inharmonieux puisque nous sommes une cellule même du Sans-Nom et que le Sans-Nom ne voit que la perfection, que l'Amour. Il est perfectible, mais ne peut émettre une seule pensée imparfaite. Comme je suis Lui, comme toutes mes créatures sont Moi, il ne peut y avoir d'intervention imparfaite dans votre vie. Par conséquent, tout ce que vous récoltez d'imparfait est le fruit d'une vision imparfaite que vous avez émise, le fruit d'un choix imparfait, d'une décision chaotique, d'un désir égotique. Cela appartient à votre parcours d'enfant divin en quête de reconnaissance de ses propres pouvoirs.

Il est temps de remettre les choses en place, grand temps de vous rendre vos responsabilités. Justement, nous sommes en train de construire une grille magnétique parfaite qui vous permettra d'explorer des champs d'énergies de haute puissance, ne pouvant être trafiqués par un mental quelconque. Et j'aimerais en ce début de saison, avec beaucoup d'amour et de sincérité, que vous repreniez entre vos mains la responsabilité pleine et entière de vos créations imparfaites. Si vous voulez vraiment trouver des créations parfaites, il suffit de nous appeler, de reconnaître que vous avez tenté une expérience qui ne vous apporte pas les fruits escomptés, puis de vous mettre à l'écoute et nous vous parlerons d'une manière ou d'une autre. Nous vous montrerons le chemin idéal, ce chemin que vous foulerez puis identifierez. Pourtant, sur ce chemin idéal, si vous reprenez vos mêmes structures mentales, sentimentales et égotiques, vous ensemencerez déjà ce tracé parfait proposé d'une énergie imparfaite. Là, il y aura de nouveau dualité, friction et ce qui vous reviendra ne sera pas la perfection, mais se situera entre l'imperfection et la perfection.

Je suis donc entrée maintenant en pleine action de reconstruction de votre grille magnétique. C'est-à-dire que je dirige mes énergies vers des points à l'intérieur de votre corps, que je les stimule puis les mets en pleine radiance. Ainsi, de point en point, je vais vous permettre de glisser votre pensée d'une grille magnétique totalement usée et déformée, ne pouvant plus vous rendre des services dans son état actuel, sur la nouvelle grille magnétique. Dés que cela sera effectif, vous entreprendrez un grand nettoyage de l'ancienne grille magnétique. Ce que je vous explique, c'est que vous êtes actuellement en train de vivre des instants difficiles avec vos corps, votre mental, vos sentiments parce qu'il faut glisser sur une nouvelle grille magnétique et épurer le regard que vous portez sur vous-même et à l'intérieur de vous-même.

Ceci est le premier rendez-vous important.
Quand votre regard-sentiment-pensée sera bien ancré sur cette jeune grille magnétique, vos guides et les anges accompagnateurs se feront un plaisir de vous restituer la vision de ce parcours antérieur, de ce vécu : ce que vous avez raté, ce que vous auriez pu mieux faire, ce que vous n'auriez certainement pas dû faire, et vous vous apercevrez que vous possédez une source profonde et éducatrice sur l'être que vous êtes.
Vous aurez le choix à ce moment-là, ou vous sourirez devant tout ce que vous aurez vécu avec tous ces rendez-vous, et vous assimilerez cette connaissance ou, au contraire, vous serez tentés de dire : «C'est la faute de celui-ci, la faute de celui-là. Moi, je n'y suis pour rien, j'ai fait au mieux !» Cette attitude vous entraînera vers de nouvelles difficultés. On ne vous demande pas de vous juger ni d'aimer ce que vous avez vécu, on vous demande simplement de poser un regard de paix et d'accepter cette trajectoire pour ce qu'elle a été. De toute façon, au point où vous en êtes aujourd'hui, vous étiez forcément sur une trajectoire imparfaite. Donc, ce que vous allez rencontrer, c'est l'imperfection. Sachez-le au moins à cet instant, intégrez bien que vous visionnerez tout ce qui était imparfait puis, surtout, programmez-vous pour ne pas glisser dans

l'auto culpabilisation, dans tous ces travers de personnalité que vous avez déjà visités et qui ne vous ont pas apporté l'essence et la lumière nécessaire à votre élévation.
Si vous osez poser un regard de paix, puis sourire et même rire de cette imperfection avec l'œil avisé en accueillant cette connaissance, cette reconnaissance, vous comprendrez que vous avez franchi un grand pas. Si votre plexus solaire continue à faire des siennes, sachez que votre identité solaire n'est pas encore ancrée et, comme justement, cette grille magnétique est construite par la Force primordiale solaire, il y aura encore du souci à se faire. Votre plexus solaire bougeant, la grille magnétique l'enregistrera. Comme c'est un être intelligent puisqu'elle est constituée de molécules vivantes, il y aura forcément de nouveaux rendez-vous pour permettre à votre plexus solaire de s'installer définitivement dans sa radiance, dans sa force et de ne plus bouger quand un élément viendra vous visiter et vous parler de votre imperfection.
L'imperfection est un jeu, un jeu que le Divin a permis ; là aussi, ayez beaucoup d'humour puisqu'on vous a remis ce jeu entre les mains. Ce qui sous-entend qu'on vous a autorisés à vous vautrer dans l'imperfection. J'ose dire ce mot *vautrer* puisque c'est bien ce que vous avez fait.
Et si moi, Force primordiale, j'utilise ce mot, si je n'y vois aucune connotation négative, je peux vous demander d'en faire autant.
Ce que je vois, moi, ce sont mes enfants qui ont eu l'audace de s'aventurer dans un monde qui n'était pas le leur. Ils ont osé déposer leur manteau de lumière, leur radiance, leur pouvoir. Ils ont osé jouer dans la densité puis se rendre dans un secteur tout à fait particulier où rien ne répond aux lois universelles.
Mes enfants ont osé aller dans ce secteur universel où une petite planète tout à fait particulière, qui répond au nom d'Urantia, les a accueillis. Et sur cette sphère de Vie, il y a

eu jeu sur jeu et encore jeux, pour arriver dans un jeu qui n'était pas programmé et qui a encore engendré un autre jeu. Je pourrais m'amuser à formuler toute une phrase bien longue avec une suite de jeu, mais ce jeu est finalement ce JE, celui qui vit en vous. Aussi, s'il vous plaît, ayez assez d'amour pour reconnaître simplement que vous avez répondu à une volonté de votre Père/Mère, celle de vous rendre dans un secteur pas encore réclamé ni identifié, ni reconnu, ni couronné. Vous êtes ici dans un secteur jeune qui a un avenir extraordinaire devant lui.

Celle planète n'a pas encore fini de vous étonner. Ce vaisseau spatial est unique, vraiment unique. Il est unique dans sa conception, unique dans son futur, unique dans sa trajectoire, même jeune, et ne répond à aucun élément chronologique de la Vie universelle.
Cette Terre est unique, elle restera unique, elle accueille des enfants uniques qui ont un destin unique et qui lui permettent de vivre SON destin unique.
Voyez-vous, je ris quand je vois que vous êtes tristes, que vous vous prenez au sérieux dans cette densité, dans cette lourdeur, que vous jouez aux malheureux, que vous jouez à ceux qui sont démunis, quand je connais tout le potentiel, toute la force, tous les dons qui sont là, à l'intérieur de vous. Je ris et je m'amuse vraiment de voir mes enfants se débattre comme ils le font contre l'adversité alors que nous leur avons donné toutes les clefs possibles et inimaginables ouvrant les portes de ce secteur et de tous les secteurs.
Si vous vous sentez prisonniers, ce n'est que de votre regard-sentiment-pensée, celui-là même que vous avez dirigé dans un moule trop étroit. Ce moule ne demande qu'une chose, de voler en éclats, et votre regard-sentiment-pensée, de s'expanser.
Ce qu'il faut faire ? Rien. Simplement *être*. C'est reconnaître l'essence qui vit à l'intérieur de vous et cesser

de vous battre pour obtenir quelque chose. C'est cesser de croire que vous êtes autre chose que ce que vous êtes.

Avec les énergies du printemps qui se déverseront dans votre matrice de Vie, je vous précise qu'en l'accueillant, vous aurez la possibilité d'articuler un peu plus votre regard-sentiment-pensée et lui permettrez de laisser couler une source de lumière, de connaissance, d'expansion, de radiance, de bonheur que vous n'avez pas encore accueillie.
En réalité, je vous demande de faire la paix avec votre organe de pensée, avec ce corps mental, avec ce corps émotionnel, avec votre ego, avec votre ventre qui souffre, qui n'en peut plus de souffrir tant il est fustigé, renié ; ce ventre qui est la matrice, et c'est bien en lui que la matrice Terre repose.

La matrice Terre s'expanse en coulant ses racines tout au long de vos cuisses, de vos jambes puis elles sortiront par la plante de vos pieds. La Terre cherche la Terre. Sachez que la Terre va également chercher la Terre subtile. Ainsi, cette Terre qui repose à l'intérieur de votre ventre s'expanse et remonte vers votre poitrine, votre cou, votre tête et laisse s'échapper ses racines qui vont s'ancrer dans cette matière éthérée qui est également la Terre. Voici la Terre d'en-haut, la Terre d'en-bas et la Terre au milieu de vous ; il faudra faire l'union de tous ces paramètres. Vous ne pouvez quitter la Terre puisque vous êtes la Terre en mouvement. Vous vivez et vous accueillez la Terre en vous. Alors, où que vous ailliez, vous serez toujours sur la Terre. Voilà ce qui m'amuse quand vous vous déplacez sur une planète : vous oubliez systématiquement son nom et vous l'appelez *Terre*. D'incarnation en incarnation, vous avez tissé un fil et avez oublié tout simplement que vous changiez de planète et que l'histoire de votre passé ne s'est pas forcément déroulée

uniquement sur celle-ci, mais vous ramenez ce passé avec vous.
Dans un deuxième temps, je vous réapprendrai à employer les noms de chaque planète, soit à dire que vous êtes sur Urantia et non sur *la Terre*, que vous venez de Vénus et non de la Terre, idem pour Mars où vous avez fait aussi un séjour. Car, de terre en terre, vous ne savez plus reconnaître ni identifier votre parcours ni où vous avez accueilli un stigmate dans votre mémoire. C'est alors facile de croire que vous avez recueilli toute cette souffrance, tout ce passé inharmonieux sur cette belle planète. Moi, je vous rappelle que votre mémoire, votre parcours ancestral, vous les avez compilés en passant par Vénus, Saturne, Mars et par tellement d'autres !
Vous demandez à Urantia de digérer tous ces miasmes et elle le fait avec amour, mais vous ne vous rendez pas compte que vous lui donnez des énergies qui ne lui appartiennent pas. Car chaque cicatrice, chaque histoire malheureuse que vous avez compilée dans votre livre a une teneur particulière puisqu'elle est constituée des molécules de la planète qui vous a accueillis et où vous avez noué une histoire sur son sol. Votre passé est donc un amalgame de molécules de la planète Urantia, de Mars, de Vénus et de toutes les autres. Et vous demandez aux molécules d'Urantia de digérer des molécules de Mars, de Vénus etc, etc. Elle commence à en avoir assez ! Quand vous soulevez votre mémoire ancestrale, vous rejetez tout, y compris toutes ces molécules qui vous ont permis d'accueillir l'histoire, surtout si c'est une histoire douloureuse. Je tiens à vous dire ceci en ces instants : quand vous travaillez une mémoire douloureuse ou gaie, vous devez comprendre tout simplement que c'est le regard-sentiment-pensée qui est à repolariser, mais l'histoire est à intégrer. Si vous polarisez correctement votre regard-sentiment-pensée, les molécules venant d'une autre planète n'ont pas besoin d'être rejetées.

Elles seront déchargées du regard, des sentiments et de la pensée qui ont permis de nouer une histoire sur votre mémoire ancestrale. À ce moment-là, vous pourrez intégrer ces molécules dans vos molécules personnelles et vous soulagerez la planète qui vous accueille dans l'incarnation présente. Elle aura moins de pollution à digérer et vous, vous ferez l'unité, car tant que vous rejetez, vous n'êtes pas dans l'unité. Et nous allons parler d'unité au sujet de la reconstruction de cette nouvelle grille magnétique humaine.
Nous vous informons que les histoires malheureuses ou heureuses, vous ayant entraînés dans ce futur à vivre de nouveaux rendez-vous, représentent des énergies qui vont se loger correctement à l'intérieur de vos atomes, là où de petits sacs mémoriels seront bien heureux d'accueillir l'information de la molécule de la planète concernée. Car, lorsque vous avez noué l'histoire, vous y avez pris des molécules vivantes et ayant donc leur propre mémoire, la mémoire de la planète qui vous a accueillis à ce moment-là. Ces mini cellules-mémoires qui résident dans vos atomes vont intégrer, digérer ces molécules et accueilleront toute la connaissance qui y est déposée. Vous vous enrichirez, c'est-à-dire que vous allez grandir, avoir des connaissances supérieures au quota d'énergies résidant dans votre corps, et qui n'est pas encore polarisé correctement.
En vérité, je vous livre une grande connaissance, une grande vérité qui n'était partagée que par quelques initiés. Je donne cette connaissance à la multitude afin que vous soyez tous des initiés, initiés à la Connaissance.

Je vous demande donc de ne plus déverser vos mémoires ancestrales. Je vous invite à les intégrer, à faire la paix avec. Je vous invite à *faire l'amour* avec ces énergies. Là, c'est une autre histoire qu'il me faudra développer : faire l'amour à des énergies douloureuses.

Quand je développerai ce chapitre, je crois que je choquerai plus d'une âme sensible qui croit encore au Père Noël, image qui n'est qu'une création mentale, humaine. Il n'y a pas de Père Noël sur nos plans, ni de Mère Noël d'ailleurs. Il n'y a que des Pères et des Mères d'énergie de Vie qui déversent en permanence et sans condition un fleuve d'amour, d'énergies, de lumières, de sons, de connaissances à tous leurs enfants. Car nous n'émettons aucune condition envers vous, mais le contraire existe dans votre monde. Vous, vous êtes remplis de conditions envers nous : "Nous pouvons vivre à condition de …, nous pouvons vous parler à condition de …," et vous nous écoutez à condition que … ! Cela, nous l'entendons en permanence, c'est votre chanson. Nous sommes habitués à ce refrain qui, parfois, je l'avoue, joue beaucoup sur notre patience. Mais nous apprenons à identifier la patience aussi.
Nous sommes sans condition, mais vous nous dressez une montagne de conditions pour nous accueillir dans votre vie. Il n'y a jamais de simplicité et, quand un être ose la simplicité, on le montre du doigt.
Alors oui, je vous parlerai beaucoup de l'amour, de cet amour que l'on fait avec ses pensées, de cet amour que l'on fait avec son corps, adressé à soi-même, de l'amour que l'on fait avec ses sentiments. Là, je m'amuse à vous déranger et je vais m'amuser à démonter encore et encore vos schémas mentaux, car vous en êtes saturés. Ces schémas représentent des formes géométriques ; la Vie ne circulant que sur des formes géométriques. Nous employons ces circuits très étroits, noirs et qui sont parfois nauséabonds. Et il nous faut parvenir jusqu'à vous au travers de ces circuits déformés. Ici encore, la teneur de vos pensées, de vos regards et de vos sentiments nous oblige à traverser des filtres et encore des filtres. Quand une seule goutte du fleuve d'énergie arrive enfin à vous toucher, vous criez au scandale parce que ce n'est pas de la manière que vous le souhaitiez.

Comme j'entre en plein service, je vous annonce que je laisserai tous vos circuits, tous ces schémas déformés et que je n'écouterai plus vos attentes, vos demandes, vos exigences, vos faiblesses. Je ne vais plus écouter vos chantages, j'agirai. Aussi, si vous vous sentez mal quelquefois, reconnaissez simplement qu'il y a peut-être une énergie en vous qui ne vous permet pas d'accueillir avec fluidité toute l'énergie lumière que je dirige vers vous. Soyez simple, simple, reconnaissez. Soyez simple, sans exigence comme nous sommes sans exigence.
Pourtant, nous attendons beaucoup de vous puisque dans ces travers de personnalité que vous avez bien implantés, nous attendons de nouveaux germes de conscience et de pénétration de la Vie. Mis à part cela, nous n'exigeons rien. Nous souhaitons le partenariat, l'échange ; nous le souhaitons puisque Vous êtes Nous. Vous êtes une parcelle de Moi puisque la Force solaire déposée en vous est issue de mon corps. J'ai déposé en vous une parcelle de Moi. Cela ne fait pas de vous mes enfants comme vous pourriez l'imaginer, bien que vous le soyez, mais cela fait de vous les dépositaires de ma propre identité. Et parfois, je suis chagrinée de voir que vous avez réduit ma personnalité, mon identité à une expression tellement lamentable qu'il me faut avoir beaucoup d'amour envers vous pour tolérer encore et encore cette manifestation. Vous ne rendez absolument pas hommage à ce cadeau que j'ai fait je jour où j'ai mis en vous cette parcelle solaire qui peut se développer, s'amplifier et être un immense soleil à l'intérieur de vous-même. Comme vous bafouez justement l'énergie solaire que j'ai déposée en vous, cela évoque la même attitude que vous émettez en face de vous. Je n'y peux rien et n'y pourrai rien pour le changer. Je vous parlerai de vos attitudes et vous rappellerai même cette manière dont vous vous bafouez, mais le reste vous appartient. Soit vous continuez comme cela parce que ça vous plaît encore un peu, soit vous vous

entreprenez pour changer la façon dont vous agissez avec vous-même. Vous aurez encore bien des rendez-vous avec le regard-sentiment-pensée.

En fait, j'ai construit tout mon enseignement sur le Regard-Sentiment-Pensée pour votre humanité et cette planète, car vous pourrez modifier totalement vos travers de personnalité depuis ce germe de compréhension.
Il n'y a pas besoin de vous écarter longtemps de vos recherches. Si vous avez le courage d'observer comment vous posez votre regard sur la Vie, comment vos sentiments émergent en vous, comment vous structurez vos pensées, vous pourrez rectifier à cent pour cent tous vos travers de personnalité et retrouver à cent pour cent la totalité de vos pouvoirs !
Tout réside dans vos mains, dans votre volonté, dans votre choix, dans l'acceptation de vous mettre en mouvement pour retrouver la pureté du regard-sentiment-pensée que vous allez poser sur vous.
Aujourd'hui, vous travaillez beaucoup sur le regard-sentiment-pensée à l'extérieur de vous et je vous en remercie, car depuis que j'ai commencé cet enseignement pour cette planète, il y a déjà eu une grande modification à l'intérieur de celui-ci. Cela me réjouit ; je sais combien ceci engendrera de perfection pour le futur. Il reste maintenant à vous amener vers ce regard-sentiment-pensée que vous émettez sur vous-même et, là, il y a encore et encore des rendez-vous qu'il faudra soutenir pour pouvoir vous tenir la main. Puis il s'agira de vous conduire à cette faculté, à vous asseoir chez vous sans jugement, sans attente, mais en osant vous regarder en toute simplicité. Et vous découvrirez alors l'être rayonnant qui se cache à l'intérieur de vous.
Je ne vous apporte rien, ne vous donne rien ; je viens simplement parler de vous et mettre en place la grille magnétique à l'intérieur de votre corps. Pour le reste, il est

surtout question d'un rendez-vous avec vous-même, fixé par vous-même afin d'obtenir de vous-même un changement d'attitude pour laisser rayonner votre propre identité, votre propre pouvoir de créateur.

Vous êtes nos enfants, vous êtes parfaits et je vous vois parfaits.
Bien sûr, l'expression de cette perfection n'est pas arrivée actuellement à son summum, mais vous êtes en chemin et vous y parviendrez forcément un jour. Combien de temps mettrez-vous pour parvenir à ce regard parfait sur vous-même, je ne le sais pas, mais vous me l'apprendrez. Je suis toujours à l'écoute de vous, toujours là en tant que Mère pour vous regarder, vous épauler, vous aimer, vous consoler. Regardez, je vous ai appris à marcher et vous marchez tout seul et ne me donnez plus la main ! Ainsi, je regarde un enfant qui marche, je le regarde s'éloigner, me tourner le dos, je le regarde se moquer de moi et renier sa mère. Mais je sais que, tôt ou tard lorsqu'il sera las, lorsque cet enfant en aura vraiment assez de souffrir, il va s'asseoir puis me réclamer. Je verserai alors des larmes de joie et ces larmes viendront laver l'être qu'il est. Je ne pourrai que pleurer, pleurer d'amour et de joie sur cet enfant qui se sera souvenu qu'il est mon enfant, que je suis sa mère, que nous sommes UN, et que jamais personne ne pourra nous séparer.

Enfants, enfants que j'ai vu naître, enfants qui détenez une parcelle de moi-même, je tiens à vous dire que je suis venue au plus près de vous, car je sais que vous arriverez bientôt à ce rendez-vous avec vous-mêmes où, fatigués de toutes ces aventures qui ne vous ont guère apporté de joie et de bonheur, vous allez vous asseoir et vous vous souviendrez. Je suis déjà là, car je réponds à cet instant et je pleure déjà de joie puisque je tiens mes enfants bien-aimés dans mes

bras comme une mère qui, de toute manière, n'a jamais cessé de les aimer.
Oh ! Cela ne vous dit peut-être pas grand-chose sur toute l'attention que j'ai eue envers vous tout au long de votre aventure dans la densité. Mais ceci est mon histoire et ce n'est pas important. Aujourd'hui, je suis au rendez-vous et je sais que vous serez bientôt au rendez-vous sacré, LE rendez-vous avec vous-mêmes, rendez-vous d'amour et de pureté. Vous avez rendez-vous parce que vous n'en pouvez plus de vous ignorer, de vous faire souffrir, de vous bafouer. Forcément, il ne vous restera plus qu'une chose, vous rappeler que vous pouvez vous aimer, vous honorer, vous blottir dans mes bras et, ensemble, nous pourrons travailler merveilleusement bien pour la Vie universelle. Nous avons beaucoup d'aventure à vivre encore, mais celles que je souhaite partager avec vous sont des aventures de joie, de bonheur et de facilité. Vous avez assez donné dans la difficulté.

Avec les énergies du printemps, chaque année, je vous dis que vous avez rendez-vous avec la facilité. En premier lieu, vous ferez le constat du contraire, soit de tout ce que vous avez mis en place et qui n'est pas la facilité. C'est une histoire qui se profile devant vous, un rendez-vous incontournable où vous allez toucher du doigt tout l'amour déposé en vous et autour de vous, tout cet amour que vous avez rejeté et nié. Cela aussi est votre histoire, voyez-vous ; si j'ai écrit une page ce soir, demain, c'est vous qui l'écrirez.

Je vais doucement me retirer, car j'ai déposé assez de mots, de lumière dans votre aura, dans votre cœur et dans votre regard-sentiment-pensée.

Tout naturellement, je vous invite à accueillir les énergies du printemps dans la joie, car il vous faudra également retrouver les rythmes naturels de vos fêtes, celles qui vous parlent d'ouverture et d'abondance. Mais de l'abondance gratuite, c'est-à-dire celle des énergies qui viennent vous visiter. Nous en reparlerons une autre fois. Permettez-moi de vous quitter.

Comme une mère, je me retire tout en douceur, en laissant plein d'amour tout autour de vous pour que vous rentriez chez vous et puissiez encore vous nourrir à cette source.
Cette source ne s'est jamais tarie, ne se tarira jamais, et est toujours ouverte à tous ses enfants.

Soyez en paix comme je suis en paix, car je sais que vous revêtirez votre manteau de lumière, que vous réclamerez votre identité, mais que vous allez commencer surtout à dialoguer avec vous-même.

9

Histoire de résonance

Je vous salue !
Il est bon de s'asseoir au milieu de vous, de venir vous parler.

Les temps qui viennent seront riches en évènements. Il y aura bientôt une grande *tornade* d'énergie qui va s'abattre sur cette planète. Cette tornade emmènera dans son sillon tous les vieux schémas de société. Il vous faudra retrouver dans ces moments-là des gestes simples de frère et de sœur, partager le peu que vous aurez afin d'assurer un bien-être à l'ensemble de ces hommes et de ces femmes appartenant à la grande fraternité universelle.

Vous venez de nombreuses planètes, vous n'êtes pas tous des enfants nés sur cette magnifique Terre. Vous arrivez de plusieurs systèmes solaires et vous avez rendez-vous là, dans cette vie, pour participer à cette aventure qu'est le changement de la personnalité quand une planète entre dans sa volonté de devenir une fille reconnue et couronnée.
C'est une grande aventure ; lorsque cela se produit, il y a toujours des bouleversements extraordinaires. Tous ces chemins, tous ces schémas restrictifs tombent les uns après les autres. Tous les points de repère établis par les humanités passées deviennent caducs. Tous les enseignements distribués n'apportent plus cette nourriture parce qu'ils ont fait leur temps ; ils ont juste préparé le chemin à ce qui vient. Alors, c'est vrai, il y a un certain chaos pendant une période. Mais savez-vous ce qu'est *le*

chaos, c'est le néant d'où la Vie va sortir. C'est-à-dire que vous êtes venus justement dans cette matrice où l'Ombre la plus totale œuvre pour faire éclore cette fleur extraordinaire de Lumière qui n'existe nulle part ailleurs. Voilà pourquoi, fils et filles des Soleils, vous vous êtes donné ce rendez-vous sur cette Terre.

Oh ! Vous vous connaissez puisque tout au long de votre cheminement d'esprit, vous vous êtes croisés et recroisés, car on ne peut pas venir sur une planète qui réclame son couronnement sans faire partie d'un groupe d'esprits ayant déjà cheminé longuement ensemble afin d'installer justement l'harmonie sur cette planète dans ce moment tant attendu.

Il n'existe pas de hasard dans le monde universel. Dans la Vie universelle, tout est régi par des lois, et vous répondez forcément à la loi de la résonance, quelle résonance ? La résonance d'un mot, bien sûr : la fraternité ! Et pour qu'il y ait résonance, il faut bien que ces deux sujets aient été étudiés par le passé. Donc, il n'y a pas de grande surprise ni de grande révélation dans le fait que vous vous êtes déjà croisés dans de nombreux systèmes solaires.

Chaque système solaire répond à des lois précises et à ses lois d'évolution. Et vous avez donc étudié des pensées d'évolution bien particulières. Cela a permis d'établir une bande mémoire à l'intérieur de vos cellules. Y sont inscrites toutes ces vibrations que vous avez émises lors de ces différentes études et, en vous donnant rendez-vous sur Urantia-Gaia, vous vous êtes dit : "On se promet une chose, nous allons faire vibrer cette mémoire et nous nous souviendrons de ces études sur la Fraternité, sur l'Amour afin de donner naissance, tous ensemble, à une fleur d'Amour tout à fait inédite".

L'expérience n'est pas facile sur cette planète, car il y a une multitude de raisons, d'expressions faisant que vous rencontrez des difficultés. Mais vous avez le choix : soit vous arrêter à ces difficultés, soit les dépasser. Si vous vous y arrêtez, vous n'arriverez pas à faire résonner cette bande mémorielle. Si, au contraire, vous les reconnaissez en disant: «J'ai autre chose à faire, il me faut maintenant retrouver ma mémoire universelle !», vous allez la mettre en résonance et vous vous nourrirez ici, dans la matière, dans la densité d'Urantia-Gaïa, de tout ce que vous avez étudié dans ces systèmes solaires au-delà du vôtre.

Il faut savoir que toute vie est mue par une bande mémorielle qui reçoit les impacts de vos sentiments, bons ou douloureux. Dès l'instant où vous êtes activés par un sentiment fort, positif ou négatif, vous mettez cette bande mémorielle en action. Elle cherchera la vibration que vous émettez durant ce sentiment et l'encodera ; par la suite, chaque fois que vous rencontrerez une situation similaire, cet encodage se réveillera. Cette situation vécue sera peut-être en apparence anodine, mais deviendra quelque chose de plus difficile ; c'est la loi de la résonance !

Je vous le dis, il vous faudra accepter de visiter chaque encodage de votre bande mémorielle et d'y poser un regard apaisé. Je ne parle même pas d'amour, car si votre bande mémorielle s'est encodée, c'est que vous avez eu une réaction excessive de l'amour, une vision erronée dans un sens ou un autre. Un simple regard apaisé sur l'évènement permettra à cette bande mémorielle de vibrer d'une autre manière et d'expulser cet encodage gênant. Et vous êtes parvenus justement dans une période où l'on vous demande de vider tous vos sacs mémoriels, de vous alléger. Vous allez prendre un envol, le même que cette planète : se réinstaller à l'intérieur de sa lumière, de sa Lumière universelle. Et ce sera retrouver sa fraternité, ses frères et ses sœurs qui n'habitent pas dans le même système solaire, qui ont revêtu un aspect différent. Tout simplement parce qu'au moment où vous, vous les avez quittés, eux n'ont pas bougé. Ainsi, à ces visages qui s'en viennent peut-être, vous

leur trouverez un aspect familier ; si cela est, sachez tout simplement que votre fréquence mémorielle s'agite et vous restitue un pan de votre mémoire universelle.
Pourtant, si vous êtes sur cette planète dans un moment où elle entre en mutation, ayant demandé à être reconnue et couronnée, c'est que vous portiez en vous une somme d'informations importantes qui étaient déjà en résonance avec ce passage. Vous aviez déjà cette carte d'accès qui ouvre la serrure de cette planète. Beaucoup ont demandé à venir dans cette période et beaucoup se sont vu refuser cet accord.

Dans ce changement radical qui commence pour votre Terre, il nous faut avant tout apaiser votre mémoire ancestrale.
Vous êtes tous venus pour un point précis : aider Urantia dans sa transition à arriver dans son but, c'est-à-dire l'amener, l'accompagner dans son couronnement. Vous en avez le potentiel. Seulement, pour pouvoir venir ici dans cette période, vous avez accepté d'endosser une partie de la mémoire ancestrale de cette Terre. Et il y a beaucoup de conflits dans cette mémoire ancestrale et vous vous êtes promis de digérer une partie de ces énergies afin de permettre l'envol de cette planète.
Mémoire ancestrale, c'est-à-dire mémoire du passé de l'humanité, de la planète, mémoire de vibrations qui ont été plus ou moins bien qualifiées et qui, aujourd'hui, présente un passé lourd, un passé de douleur et de souffrance. Nous nous retrouvons devant le fait que nous avons un quota de souffrance à transmuter. Ce quota, aucune personne seule ne peut le transmuter. Nous avons donc demandé à chacun de prendre une partie de cette souffrance passée et nous lui avons promis qu'à un moment donné, nous émettrions des énergies particulières pour que l'apaisement vienne sur cette souffrance. Aussi, je vous le dis, ces énergies sont arrivées

et commencent à couler sur cette planète. Cela signifie que le passé de cette Terre commence à guérir. Et qu'au-delà des apparences, des hommes et des femmes vont se souvenir qu'ils sont frères et sœurs universels, ils s'assoiront et se parleront. Ils vont échanger, échanger sur leur personnalité. Il y aura des cercles de paroles qui prendront une autre attitude, un autre visage que ceux que j'anime. Voyez-vous, quand un cercle se crée, toutes les énergies à l'intérieur sont mises en résonance et peuvent se guérir, car chacun porte en lui une parcelle de la guérison de l'autre. Cet autre qui, peut-être aujourd'hui, ne vous plaît pas parce qu'il n'a pas la même couleur de peau ou qu'il n'est pas de la même identité, du même pays, du même village, de la même famille, de la même culture ! Ce que vous appelez le racisme. Sachez pourtant que cette humanité ne pourra se guérir sans tous ses membres. Car demain – oh, je ne parle pas du demain immédiat, mais de ce demain qui se profile – ce que nous avons en probabilité, ce sont des cercles qui se créeront partout et où s'assoiront, toutes races confondues, toutes couleurs de peau mêlées, des représentants de chaque facette de l'identité de cette humanité. Nous verrons le noir à côté du blanc, le blanc à côté du rouge, le rouge à côté du tahitien, le tahitien à côté du russe, le russe à côté de l'espagnol, de l'hindou, du tibétain ; c'est cela l'avenir. Voilà la cellule fraternelle qui est en train de se dessiner. Vous pouvez continuer à ne pas être bien dans votre peau, dans votre tête, c'est votre problème puisque vous avez toute l'aide nécessaire pour dépasser cette souffrance qui vous habite. Comprenez : la place qui est libre dans ce demain est celle que vous occuperez peut-être si vous ouvrez les portes de votre cœur.

Nous savons que tous les peuples gardiens de la grande mémoire de la Terre et de l'histoire universelle ont été bafoué, blessé, torturé, décimé. Nous savons tout cela. Mais aussi que les énergies qui viennent vont apaiser cette souffrance, cette mémoire ; ce qui a été vécu par le passé ne sera pas forcément ce qui va l'être demain. Dans ce passé, il y a pourtant des bases fondamentales qui apporteront du bien-être, des racines, de l'amour permettant à la personnalité de se reconstituer. Pour un temps, vous verrez donc se réanimer la mémoire ancestrale, et cela est bien, cela est juste. Mais sachez ne pas vous y arrêter, juste reconnaître que si cela se passe, ce n'est que temporaire, car vous ne pourrez pas vous y installer. Vous êtes appelés à ancrer et à donner corps aux schémas de Vie universelle qui descendent vers vous.

Chaque race a apporté quelque chose à la fraternité universelle. Chaque race a eu son potentiel d'erreur et de maltraitance envers les autres membres de la fraternité universelle, c'est-à-dire de votre humanité. Vous ne pouvez pas vous arrêter à cela, vous devrez vous asseoir et chercher la quintessence, la plus belle fleur que chaque race a développée. Vous irez puiser la sagesse qui s'est formée au cours de ce chemin chaotique dans le passé de cette planète. Puisqu'il sera nécessaire de rassembler tous les morceaux de cette sagesse afin de reconnaître la Sagesse universelle. C'est cela qui vous attend. Vous devrez encore et encore dépasser vos limites, et dans un laps de temps très court. Mais sachez que tous les baumes universels descendent pour cicatriser les blessures de l'âme, du corps, de l'esprit et de votre cœur. La personnalité doit maintenant se reconstruire, non pas selon les schémas du passé ni du présent, mais bien selon un chemin qui se dessine pour le futur. Hier était nourri par une qualité spécifique de vibration ; aujourd'hui, vous êtes dans des vibrations nouvelles, bien particulières, mais elles ne sont que le tremplin des énergies qui seront émises et qui vont éclore à l'intérieur de vous-mêmes. Il faudra aussi faire place à ce qui s'en vient. Et plus vous allez vous accrocher au passé, plus vous aurez des difficultés à vous épanouir dans les énergies que nous vous envoyons.

Dans le passé de cette Terre, il y eut beaucoup de visiteurs venus vous rappeler la nature de votre lumière et qui vous êtes en réalité : des enfants du Divin. Et je l'ai déjà dit et le répète ce soir, tous ces visiteurs du passé ayant laissé un nom dans l'histoire ne vont plus vous apporter de nourriture, car ils ont tous décidé de vider ces réservoirs rattachés aux noms qu'ils ont portés. Ils savent que c'est la période de transmutation, période favorable pour entrer en harmonisation avec les énergies universelles et que le chemin qu'ils ont préparé vous a amenés à cet instant. Ils doivent s'effacer pour que vous osiez tourner votre regard vers ce qui se trouve devant vous. Alors, tout doucement, vous vous apercevrez que les énergies de ces visiteurs (que vous appeliez *Maîtres)* qui furent déposées dans l'éther, tous ces réservoirs vont s'éteindre les uns après les autres. Alors que vous vous nourrissiez de ce passé, vous vous retrouverez, du jour au lendemain, les mains vides et vous ne saurez même plus quoi faire de ces enseignements anciens. Je voudrais vous dire : quand vous serez parvenus à ce moment, n'oubliez pas de remercier et d'aimer puis de reconnaître le grand sacrifice que ces visiteurs ont fait en acceptant de s'incarner sur cette planète lourde afin de vous montrer le chemin à prendre, d'allumer ces lanternes pour qu'il ne soit pas chaotique et blessant. Ils ont tout fait à l'époque pour vous l'aplanir afin qu'il soit le plus lisse possible pour de ne pas blesser vos pieds. Seulement, je ne vais pas vous l'apprendre, quand un maître est là, les disciples sont attentifs et ne s'avisent surtout pas de déformer sa parole. Mais quand le maître s'en va, les disciples se battent entre eux pour prendre et occuper sa place ! Celui qui a la plus grande voix, qui montrera qu'il porte l'énergie masculine, celui-là va s'asseoir et

commencera à dicter *sa* parole et il déformera la parole du maître tout doucement au fil des jours. Cela s'est produit maintes et maintes fois. Nous l'avons vu faire, nous l'avons laissé faire, car nous savions qu'en fin de compte, ces disciples auraient un jour à reconnaître leur erreur et devraient, dans le noir le plus total, retrouver l'enseignement qui fût jadis dispensé par un maître assis à leur côté.
Beaucoup d'hommes et de femmes sont en mal de personnalité et ont besoin, surtout dans cette période, de faire croire qu'ils ont une personnalité bien installée, bien centrée, et ces êtres se prennent pour la parole vivante. Nous voyons encore actuellement ce schéma se dérouler. Nous savons que si, dans les premiers temps, ils font du mal, en fin de compte et avec un peu de recul, ils sont en train d'aguerrir des frères et des sœurs un peu faibles qui avaient besoin d'entendre une voix forte pour leur imposer un point de vue. Et nous laissons faire ! Nous n'avons pas besoin d'intervenir, car ces énergies qui animent de tels êtres s'émoussent rapidement et disparaissent. En général, ils se retrouvent seuls, les mains vides ; ils ont perdu leur cour, ne sont plus roi, pas même roi d'eux-mêmes. Je ne vous mettrais même pas en garde, car si vous deviez vous perdre auprès de l'un de ces hommes ou l'une de ces femmes, allez-y ! Si vous êtes en résonance avec eux, eh bien, vous avez une faiblesse intérieure qui appelle à être renforcée. Peut-être seront-ils le meilleur miroir du moment pour que vous la reconnaissiez et que vous osiez prononcer les paroles justes, celles qui vont vous renforcer.
De toute manière, j'instruis tout homme et toute femme acceptant de m'accueillir dans leur intimité. Oh ! Je ne parlerai pas de façon audible, mais je déposerai dans leur aura la somme d'information, d'amour, de paix et de lumière dont ils ont besoin dans l'instant.

Chaque fois que j'anime une soirée, c'est-à-dire une conférence, je fais appel à des Êtres de lumière et leur demande de m'accompagner.
Ici, je n'ai pas eu besoin de chercher ; j'ai appelé tous les esprits de vos ancêtres. Ceux que vous pouvez nommer des *Tahitiens de souche*, ceux qui vivaient de façon ancestrale, qui n'ont pas connu le visage blanc. Je leur ai demandé de s'installer, naturellement en énergie, dans cette salle. Je leur ai dit : «Regardez ! Ici, quelques hommes et quelques femmes portent de la souffrance, celle de votre peuple, de ce qu'il est devenu ! Dans le silence, parlez à leur âme, faites un travail de guérison, car vous devez savoir que l'avenir de cette île va retrouver l'amour et la sagesse que vous avez su garder et transmettre de génération en génération. Alors, il est temps d'apporter la Paix à leur cœur et à leur tête !». Voici ce que j'ai demandé, et ils ont tous répondu.

Ainsi, cette salle est plus que pleine. Ils sont là au dessus de vous, mais également derrière vous, et ils travaillent à apaiser cette mémoire ancestrale. Chaque fois que je passerai à un endroit où se révèlent de telles blessures, je ferai la même demande à tous ces sages du passé. En premier lieu, ce n'est pas la main d'un homme ou d'une femme blanche qui peut apporter un apaisement à un cœur de tahitien, à un cœur d'amérindien ou de toute autre peuplade. Il faut que ce soit les ancêtres qui viennent donner cet apaisement. Seulement, quand cela sera fait, la main du blanc pourra s'installer dans la vôtre et vous verrez à ce moment-là s'échanger la sagesse que vous gardez.
Les temps à venir ne seront pas faciles, car cela va vous demander lâcher-prise sur lâcher-prise. Ces temps seront exigeants. Ils vous inciteront à ne plus rien demander, juste d'être dans l'instant présent sans condition, sans désir. Ils vous diront peut-être "Tu as un but, mais ton but n'est pas celui que la Vie te propose". Vous aurez sans doute des

changements radicaux du jour au lendemain dans vos existences ; sachez tout simplement que la trame de Vie est en train de se transformer. Comme vous êtes, par le biais de la résonance, attachés à cette trame de Vie, vous allez changer.

Il me plaît d'être ici, sur cette île, et de diffuser les énergies du Collectif SORIA.
Il me plaît, en tant qu'Être primordial, de vous diffuser mes propres énergies afin que vous receviez plusieurs sortes de nourriture à l'intérieur de vous-mêmes.
Il me plaît d'être sur cette île car, voyez-vous, des dépôts furent faits lors de sa création. Ces dépôts vont s'animer et vous révéler leur teneur. Vous serez peut-être surpris, je crois que cela vous fera plaisir.
Il me fait plaisir de vous parler et d'utiliser un ton très doux afin d'apaiser votre cœur.
Il me fait plaisir, au-delà des mots, de vous envoyer des énergies pour stabiliser votre lumière et lui donner une nouvelle impulsion. Sachez que s'il y a des périodes de troubles dans l'avenir, à l'intérieur même de ces périodes viendront grandir des germes de réalisation extraordinaires.

Nous avons créé un fil de lumière qui relie toutes les îles entre elles. Ce fil existe depuis des siècles et des siècles. Cette reliance a maintenu une cohésion tout autour de la planète. Sachez que, dans le silence, toutes les îles ont émis un rayon particulier pour nourrir tous les grands continents. Parfois, ce n'est pas la taille qui en fait la grandeur ; comprenez tout simplement que toutes les îles de cette planète jouent un rôle capital dans le maintien de la cohésion, de l'harmonie de toutes les terres émergées. Toutes les îles représentent chacune un moteur d'énergie favorisant la vie d'un grand pays. Toutes les îles sont rattachées à un cœur sur un grand continent.

Je ne vous apprends rien en vous disant que vous êtes rattachés ici à l'Égypte, que les grands savoirs des premiers pharaons sont en relation directe avec vos terres. Et que vous êtes entrés en silence, comme le grand savoir de ces premiers pharaons !

Ces premiers pharaons n'ont laissé aucune trace et l'histoire ne fait que parler de la décadence des derniers. Je vous le dis, les Grandes Pyramides sont reliées à vos îles, et il y a des portes d'énergie intemporelles qui relient vos îles aux pyramides. Je vous le dis : vous êtes une porte intemporelle reliée à la France. Vous n'êtes pas, vous, dépendants de la France, mais votre île nourrit la France ; ce n'est pas dans l'autre sens !

Et il y a encore d'autres choses à dire. Votre culture, votre langage ancestral en particulier, provient d'une planète d'un autre système solaire. Il vous a été donné par de grands frères de lumière et vous avez su le garder jusqu'à maintenant.

Les îles présentes sont les phares d'anciennes terres qui, dans des temps reculés, appartenaient à des civilisations aujourd'hui disparues. Elles restent les témoins et les réservoirs émergés des énergies développées par ces antiques civilisations. Le temps a permis un nettoyage de ces mémoires. Aujourd'hui, les îles vous offrent la possibilité d'une connexion profonde avec la connaissance détenue par leurs anciens habitants.

Les *autochtones* portent de grands secrets, les îliens de lignée ancestrale locale sont les gardiens de la transmission énergétique des connaissances de leur peuple. Aujourd'hui, la transmission de cette connaissance n'est pas toujours consciente, elle est génétique.

Ces îles représentent des phares émetteurs d'un rayon de lumière et porteurs d'impulsions de réveil. Selon les positions géographiques des îles, il y a une véritable identité en place. L'île de Tahiti projette un rayon de lumière venant donc des pyramides égyptiennes. Ainsi, la connaissance éthérique des pyramides circule dans l'éther d'Urantia et s'enroule autour de vous.

L'île sœur, Moorea, émet un rayon porteur de la connaissance du territoire lémurien. Elle est rattachée à l'île de Pâques. En effet, ces statues étaient des émetteurs de fréquences de lumière élevée grâce à une technologie poussée du minéral. Elles sont au repos actuellement, car vos corps ne sont plus préparés pour recevoir de telles fréquences. Bientôt, elles se réanimeront.

Pour le globe terrestre, nous distinguons trois principales zones d'îles : les îlots polynésiens, l'archipel Martinique et Guadeloupe, les îles près de l'Inde et du Japon.

Le premier groupe, où nous retrouvons Tahiti, est donc sous influence lémurienne, mais surtout relié au savoir-faire d'Orion.

Le deuxième porte le sceau atlante ; ce secteur d'îles urantiennes reste sous une influence mitigée de pouvoir et de vouloir. L'apaisement mémorique est en cours de stabilisation et non de digestion. Ces îles sont contenues dans un périmètre de maintien. En effet, de manière à préserver l'identité des autres, nous avons placé une membrane de lumière, donc énergétique, afin de circonscrire, soit définir, leur zone d'influence. Ces îles émettent aussi une fréquence, elle n'est ni stable ni porteuse de paix en l'instant.

Le troisième groupe, dont Sumatra, est relié à la haute connaissance du Tibet, réservoir d'énergie pour tout l'Orient. La connaissance hindouiste, dans ses temps glorieux, envoyait sa puissance vers l'Himalaya.

La haute période de la Connaissance universelle en place sur Urantia n'appartient pas à votre humanité qui peine pour ouvrir les portes de ce réservoir. Cette humanité-là n'a laissé aucune trace visible. Elle a su implanter sa connaissance, sa force, sa technologie, sa radiance au sein des molécules de

la Terre en des endroits précis. Depuis son départ, ces lieux irradient ces dépôts en permanence, ce que vous recevez inconsciemment. Vous les accueillez et, selon votre état d'ouverture, vous les intégrez plus ou moins.
Aussi, je vous le dis : de vous rendre, par la méditation ou en loisirs, sur certaines îles et d'autres points terrestres, vous permet d'intégrer un peu plus ce quota d'informations lié à la connaissance des lois d'expression universelles expérimentées par cette ancienne humanité.
Il est intéressant de souligner ceci : la France a colonisé Tahiti et Moorea. De ce fait, cette nation s'est placée sous la tutelle énergétique des ces deux îles et non le contraire. L'influence énergétique de ces îles étant largement supérieure à celle de la France. Ce pays est tout simplement venu chercher le sceau de radiance d'Orion et de la Lémurie pour entamer sa transformation intérieure. Il me fait plaisir de vous révéler cela pour clôturer cette conférence de Tahiti.
Ainsi, chers enfants, les îles ont bien des éléments vitaux à vous transmettre. Vous n'avez sans doute pas les moyens de vous offrir un voyage sur ces lieux. Dans ce cas, restez confortablement installés dans votre fauteuil et voyagez par la pensée. Vous recevrez ces informations, cette nourriture et vous vous transformerez de la même manière, avec juste un peu plus de temps. Vous pouvez également effectuer la même démarche avec l'énergie des grands réservoirs de connaissance encodés du Tibet, du Machu Pichu et du lac Titicaca. La mémoire ancienne se réveille et vous révèle à nouveau son potentiel.
Votre propre mémoire fera de même car, en venant vivre sur Urantia, vous recevez à votre descente l'impact énergétique de ces mémoires, dilatantes ou moins épanouissantes.

À vous la digestion, l'intégration et la gloire de ramener Urantia dans la manifestation de la haute connaissance des Lois universelles.

Message de l'Archange Raphaël

Très chers enfants,

La parole demeure le gros problème de cette humanité, parole à équilibrer, à adoucir et dans laquelle la qualité d'amour devrait se refléter.

Ce livre m'appelle et il me plaît d'investir un peu de mon intimité dans la vôtre.
Depuis le Cœur universel, les hautes vibrations évoluent, vous menant à la nécessité de répondre au changement.
La famille angélique module ses actions de manière à répondre à vos besoins. Certes, jusqu'à présent, je fus bien discret, restant en arrière. Je me gardais pour le moment idéal. Nous voici prêts, vous et nous. Accompagnons donc le mouvement ; ne le retenez pas et ouvrez les portes de votre cœur à ce qui vient.
Oui, dans un premier temps, vous récolterez un dérangement dans les images comme dans les sensations liées au passé.

Ma légion d'anges sous mon autorité reçoit principalement la demande de secouer votre passé et d'œuvrer à votre transformation. La parole reste le moteur et le support du mouvement engagé.
Par moments, vos rencontres vous positionneront en vis-à-vis avec de vieux personnages ayant eu peut-être des actions difficiles sur votre vie. Ayez le courage de regarder ces désagréments, ces rencontres, comme étant la marque de la présence de mes anges bien-aimés travaillant sans relâche à la divinisation de votre nature dense. Tout en incarnation ne demeure qu'un jeu.

Alors, de cœur à cœur, main dans la main, d'esprit à esprit, de parole à parole, polissons ensemble la beauté du cristal de terre de cette Terre et de votre terre intérieure.

Instant de partage délivre la magie de l'ouverture entre nos mondes.

Moi, Archange Raphaël, j'étends mes ailes d'amour autour de vous en signe de protection et de bénédiction. Ma paix vient grossir la paix déposée par notre Mère primordiale.

Raphaël, Archange de naissance, Protecteur de mission.

Conclusion

Cette planète est une terre d'enjeux, de convoitises et d'attitudes égotiques exacerbées.
Nous ne pouvons vous aborder à partir de vos attentes. Aussi, il nous reste à démonter l'une après l'autre vos manifestations peu fraternelles. Vous avez tellement pris l'habitude de prendre ou de ruser pour obtenir !

L'actualité du moment parle des tentatives d'instaurer la paix. Cependant, les enjeux économiques construisent en arrière conscience des non-sens qui empêchent l'émergence d'un pré schéma de paix.
Dans ce méli-mélo relationnel, nous avons à charge de poser des germes réels. Nous choisissons d'intervenir directement auprès de l'humanité afin que les gouvernements sentent enfin la nécessité de réagir correctement et dans le bon sens.

La paix ne s'installera jamais à partir d'une guerre, d'une tutelle non désirée ou d'une exigence que le peuple se doit de remplir. Alors, ces pages sont nées au fil des rencontres, d'instants partagés de cœur à cœur le long des chemins que vous avez su dessiner pour nous accueillir. Nous aimons descendre notre lumière jusqu'à vous dans une intimité en-dehors des moules humains.

Maintenant, la Vie diligente des esprits amoureux d'elle aux postes clés de la gestion d'Urantia ; tous, nous nous rapprochons pour générer une synergie fraternelle installée dans les lois universelles. Certains membres de votre humanité ne souhaitent pas revenir dans la gestion harmonieuse des univers, mais comme une autre partie la réclame à corps et à cri, les lois universelles s'implantent dans le sol de cette Terre et viennent vous chercher tous.

La qualité de cœur et d'intention émise représentent une base suffisante pour que la Vie universelle se rapproche de vos émanations et construise un terrain d'envol solide pour les esprits et les âmes. Cette réalité fut programmée un jour ; nos enfants sont venus l'ancrer.

Aujourd'hui, cet ancrage effectué, nous remontons Urantia dans une plus haute émanation de lumière. Comme vous allez forcément au devant de ce qui reste comme énergie trouble encore en vous, nous vous offrons une approche plus développée de la notion de paix.
Nous souhaitons vous voir mettre en application les facettes de la paix.

Bien sûr, vous ne pourrez pas tout transformer en un jour. Alors, prenez une des facettes abordées dans ce livre, mettez-la en application avant d'en prendre une deuxième et ainsi de suite. Entrez dans l'intimité et l'harmonie de la facette puis laissez la Vie accomplir son œuvre de transformation. Vous vivez depuis trop longtemps en-dehors de la plus petite approche de la notion de paix ! Aussi, vous ne pouvez y entrer comme ça, d'un seul coup ! Le temps reste un bon allié et un ami.

Attention, ne vous perdez pas dans un laisser aller engendrant doucement un mépris de la loi. Votre intention se doit d'être tendue comme un fil prêt à rompre sous cette tension, tout en conservant une souplesse d'action ; c'est l'histoire du ressort qui doit faire son œuvre sans casser. On parle d'apprentissage sérieux, volontaire et maintenu quelque soit les aléas rencontrés. En approchant la paix, vous rencontrerez la douceur et la tendresse. Vous perdrez la naïveté et vous apprendrez à gérer vos portes d'entrée en sélectionnant les énergies venant vous visiter.

La paix demeure la base solide de l'attitude correcte de la fraternité. Cette dernière notion véhicule encore aujourd'hui des fausses utopies, des à condition que*, des* si cela me sert. *Toutefois, je range dans le passé de cette humanité ces tendances erronées puisque, maintenant, la loi universelle des hauts secteurs est implantée. Cela change vos données relationnelles, un gros grain de sable posé dans vos rouages intimes. Et des grincements de dents assurés comme de belles découvertes sur le relationnel et la fraternité universelle.*

La loi universelle déjà bien implantée dans les hauts secteurs a envoyé son rayon de fréquence en passant par le cœur de votre galaxie avant de toucher le sol d'Urantia puis son cœur. La fraternité intraterrestre nourrit cet ancrage et renvoie de la lumière jusqu'au cœur des univers. Ce va-et-vient de fréquence lumineuse n'offre plus la possibilité de fuir ou de se cacher pour votre humanité. Avec humour, je prends cette image : vous êtes pris en sandwich par la lumière, l'amour, la fraternité et la loi universelle. Je ne sais si je dois dire dommage pour vous ou voici l'occasion de repolariser vos intentions. En tout cas, la fraternité solaire vous épaule dans ce passage délicat où vous déposez vos vieilles guenilles d'intention pour faire peau neuve au sein d'une attitude de paix fraternelle vraie et immergée dans la relation de la haute loi universelle.

Que ce livre vous serve de référence pour entrer dans la paix comprise, acceptée et émise volontairement. Maintenant, il n'y a plus de place pour les fausses attitudes.

Soria

Note

Nous vous livrons ces mots afin qu'ils touchent leur but, vous accompagner, vous éclairer dans votre vie, sur La Vie, et répondre au besoin d'ensemencement des instances universelles.

La guidance est simplement un acte d'amour, une référence d'attitude que les mères conçoivent, entretiennent et enseignent avec fermeté et compassion. Leur présence constante, leur respect et leur vision aimante dépassent le cadre de toute captation par le mental humain.

À ce degré de notre engagement, nous nous permettons de vous rappeler que votre participation est aussi attendue à nos côtés en soutenant de vos sentiments d'amourpaix l'œuvre en cours, toute la chaîne fraternelle qui se déploie de dimension en dimension et les artisans sur le plan dense, dont les messagers que nous sommes.

Tenir un tel gouvernail face à la confusion demande une fidélité d'esprit que l'humanité apprécie encore de mettre à l'épreuve. Nous nous joignons et nous unissons à la fraternité universelle dans la manifestation de la Lumière Vie afin d'inviter chacun à honorer le Vivant tel qu'il est et en le libérant de toutes nos exigences humaines. Ce dont ont le plus grand besoin cette Terre et tous les règnes qui s'y sont associés, c'est de la qualité d'approche et d'échange d'un véritable partenaire. Soyons-le sans prétention et restons dans le respect inconditionnel.

Que la force de cette simplicité sauvage et souveraine remonte maintenant en chacun d'entre nous afin que Tout ce qui Est soit de nouveau honoré.

Didier, cofondateur

Manuels d'information déjà publiés

Le Collectif SORIA

présente ses ouvrages dans des volets d'étude comme suit :

Volet 1) Les autoroutes du Soleil :

Les grandes voies du Soleil
Maîtrise du corps ou Unité retrouvée
Voyage

2) L'Être solaire :

L'Être solaire
Fleurs d'esprit
Réalisation solaire

3) Paroles de Vie :

Cercles de paroles I
Paroles et semences de Vie
*Instants de partage, de cœur à cœur**

4) À la rencontre de soi :

*Prochain volet de trois livres, à paraître**

Les premiers, parus aux éditions **Ariane** - *Québec -*
Puis aux éditions* **Ateliers cœur de soleil - *Québec -*

****

Matrices d'enseignement et d'échanges SORIA

Des ateliers se déroulent, au Québec comme en France, sous forme de cercles de paroles de trois jours, vous y retrouverez l'intimité du Collectif SORIA teintant chaque rencontre d'une énergie particulière et unique.

Renseignements pour la France : BP 11, 46270 Bagnac
Pour le Québec : Fax 418 739 5793